学霸教你的高效学习法

张智良　杨金秋　主编

清華大學出版社
北京

内 容 简 介

比勤奋更重要的是方法，好的学习方法可以事半功倍，实现提分，让成绩更上一个台阶。本书是清华大学、北京大学等“双一流”名校上岸的学长们对语文、数学、英语、地理、历史、政治等科目的学习经验和方法总结，还有他们在学习和生活上的技巧分享，让中学生能够掌握高效的学习技巧，在寓教于乐、劳逸结合中提高自己，并在考试中获得加分。

每一位中学生或者家有中学生的家庭都需要一本学习上的“经验宝典”。本书以方法、技巧为主，可让中学生手握全国几十位各个学科的顶尖学生的学习经验，帮助中学生制订更清晰的学习目标，并助力他们少走弯路，直奔胜利。

图书在版编目（CIP）数据

学霸教你的高效学习法 / 张智良，杨金秋主编．—北京：清华大学出版社，2022.4
ISBN 978-7-302-60428-0

Ⅰ．①学…　Ⅱ．①张…　②杨…　Ⅲ．①中学生—学习方法　Ⅳ．① G632.46

中国版本图书馆 CIP 数据核字（2022）第 052812 号

责任编辑： 杜春杰
封面设计： 刘　超
版式设计： 文森时代
责任校对： 马军令
责任印制： 宋　林

出版发行： 清华大学出版社
　　网　　址： http://www.tup.com.cn，http://www.wqbook.com
　　地　　址： 北京清华大学学研大厦 A 座　　**邮　　编：** 100084
　　社 总 机： 010-83470000　　**邮　　购：** 010-62786544
　　投稿与读者服务： 010-62776969，c-service@tup.tsinghua.edu.cn
　　质量反馈： 010-62772015，zhiliang@tup.tsinghua.edu.cn
印 装 者： 三河市东方印刷有限公司
经　　销： 全国新华书店
开　　本： 165mm×230mm　　**印　　张：** 15.25　　**字　　数：** 164 千字
版　　次： 2022 年 6 月第 1 版　　**印　　次：** 2022 年 6 月第 1 次印刷
定　　价： 58.00 元

产品编号：092005-01

本书编委会

主　　　编　张智良　杨金秋

编委会委员　张文良　邵亚莉　胡宁宁

前

PREFACE

中考和高考是绝大部分学生都要经历的一场没有硝烟的战争，虽然每个学生都手握“兵书”，但是没有真正经历过中考和高考，就很难说有实战经验了。

为了让中学生少走弯路，笔者在书中收录了全国百余名成功进入清华大学、北京大学等“双一流”名校的学生在备战高考期间的学习、生活与成长心得，愿此分享能让中学生或者正在备战高考以及即将备战高考的学生有所借鉴。

中学期间并不意味着每个人都要去做“苦行僧”。寓教于乐、劳逸结合是最好的学习状态。掌握有效的学习方法是达到这种状态的最好途径。

本书是清华大学、北京大学等“双一流”名校上岸的学生对语文、数学、英语、地理、历史、政治等科目的学习经验和方法的总结。

语文篇：

高考成绩 668 分、成功考入清华大学新闻学院的陆泉宇，向中学生分享了语文怎么考、怎么学。另外，还向广大中学生说明不靠大量的刷题也能提升语文成绩。

高考成绩 703 分（语文 135 分，辽宁省的第二名）、成功考入北京大学的张博然，给出了提高语文成绩的三点建议。

高考成绩 682 分、成功考入北京大学的李爽，为大家分享了语文学习全攻略（一是重视基础；二是阅读和作文的练习经验；三是如何写好一篇考场作文）。

高考 700 分（语文 127 分）、成功考入清华大学临床医学专业的宁淳，为大家分享了语文是如何钻研的。

在 2019 年高考中语文取得了 133 分的成绩、成功考入清华大学的杨珂涵，为大家分享了有关语文的一些经验与心得。

数学篇：

高考数学 143 分、考入清华大学法学院的张瑶，分享了她是如何实现从数学成绩不及格到高考数学成绩 143 分的转变的。

重庆大学的黄松教大家如何学好高中数学。

高考 694 分（语文 128 分、数学 140 分、英语 145 分、理综 281 分）、成功考入清华大学的王浩威，教大家如何进行总结归纳、善用错题本。

清华大学的于思瑶，向大家分享了数学如何拿满分。

电子科技大学的王承哲帮助大家进行数学题型分析。

英语篇：

北京交通大学的张涵琪认为学英语就得有针对性。

天津大学的杜语哲教给大家他背单词的方法。

高考总分 656 分（英语 143 分）、成功考入清华大学的杨琦，教大家一些英语语法的学习方法。

高考英语成绩 146 分、成功考入清华大学新雅书院的杨珂涵，为大家分享了她的英语学习经验。

文综篇：

高考湖北省文科全省第二名、总分 672 分、获得清华大学“领军计划”加分 10 分、考入清华大学的喻含颖，向大家分享了文综各科学习经验。

在四川考区（全国卷 III）高考中取得了 666 分（全省文科前十名）、顺利进入清华大学的鲁良佑，分享了文科复习拔高的方法，如选择题应试技巧、各科主观题整理技巧、通用学习技巧等。

电子科技大学的白潇，分享了文综做题技巧及各科知识点记忆方法。

西藏大学的秦海涛，分享了如何在高考历史主观题上更胜一筹（历史叙述、历史解释、时空价值、史观意识）。

理综篇：

考入北京大学物理学院、2017 年高考总分 694 分（北京市理科第九名），还因为全国中学生物理竞赛银牌获得北京大学降一本不定专业签约的杨睿，告诉大家高考理科要深究。

四川农业大学的袁巧灵，建议大家正面对抗“理综难”，并分享了物理、化学、生物的学习与考试技巧。

成功考入中国人民大学物理专业的汪玉珍，向大家分享了物理课本学习方法以及物理做题技巧。

……

另外，清华大学、北京大学等“双一流”大学的学生还进行了学习、生活上的技巧分享，如如何给自己确定目标、如何做好时间管理、如何在学习中集中精力、如何做笔记、如何巧用错题本、如何让成绩逆风翻盘、如何在考试中超常发挥等。

最后，这些佼佼者还分享了他们决胜高考的秘诀。

首先，要明白什么是高考，并且明确高考是为了谁。

其次，要知道高考相对于每个高中生都是公平的。然后，学习一定不能死记硬背，要掌握各科的一些学习方法、考试技巧，还要适度缓解自己的高考压力，并调整好自己的心态。

最后，要清楚高考前的准备事宜，掌握志愿填报的技巧。

全国百位顺利“上岸”的学生在书中分享的高考经历与成功经验能让你畅游在享受学习的海洋里，能让你废寝忘食地汲取其中的养分，能让你迫不及待地与同学们分享学习的奥秘。同时这些学生还会教你如何劳逸结合，如何安排好自己的课余时间。另外，他们不仅传授你各科学习方法，还收集了各科考试的小技巧。

总之，这是一本关于学习、成长、心灵的学霸手记。各大名校的学生们用他们富有灵性的语言、文字，在陪同中学生一起成长的过程中，通过感性交流，互相激发彼此的理性特质。他们以点点滴滴的细节串起一个个真实又感人的知性理念，细腻、生动的生活写真足以启迪每个中学生的心智。

每个人都对成功无法抗拒。万物皆有规律可循，高考也不例外。如果掌握了高考的规律，名校不过是囊中之物。希望读者可以通过本书看到高考的本质，运用到复习中，随时掌握自己的心态变化，最终得偿所愿，考上自己理想的大学。

目录

CONTENTS

方法篇

003 第一章
如何学好语文

清华大学陆泉宇：高考怎么考，我们就怎么学　004
北京大学张博然：提高语文成绩的三点建议　006
北京大学李爽：语文学习全攻略　008
清华大学陆泉宇：靠大量刷题是无法提升语文成绩的　014
清华大学宁淳：语文高分秘诀　021
清华大学杨珂涵：语文应试技巧　026

033 第二章
如何学好数学

清华大学张瑶：从不及格到 143 分——数学困难户的“逆袭”之路　034

重庆大学黄松：如何学好高中数学 039
清华大学王浩威：总结归纳，善用错题本 044
清华大学于思瑶：数学如何拿满分 047
电子科技大学王承哲：数学题型分析 050

053 第三章
如何学好英语

北京交通大学张涵琪：有针对性地学习英语 054
天津大学杜语哲：背单词的个人经验 058
清华大学杨琦：学习语法的方法 063
清华大学杨珂涵：高考英语经验分享 072

077 第四章
如何学好文综

清华大学喻含颖：文综各科学习经验分享 078
清华大学鲁良佑：文科复习拔高的干货分享 081
电子科技大学白潇：文综做题技巧及各科知识点记忆方法 086
西藏大学秦海涛：如何在高考历史主观题上更胜一筹 088

093 第五章
如何学好理综

北京大学杨睿：理科要深究 094
四川农业大学袁巧灵：正面对抗“理综难” 096
中国人民大学汪玉珍：物理学习与高考应试心得 100

技巧篇

107 第六章
如何给自己确定目标

清华大学潘宇昂：确定目标，坚守不移 108
清华大学华子评：制订计划的三大误区 110
电子科技大学雷猛：先给自己定位，明确阶段目标 113

115 第七章
如何做好时间管理

清华大学陆泉宇：时间安排四象限法 116
清华大学于思瑶：科学管理时间，注意合理休息 120
浙江大学叶子：学会自主整理和分清主次 126
浙江大学郑博文：提前规划自己的三年高中生涯 128
四川大学吴波：高三时间规划 130
清华大学杨珂涵：劳逸结合有方法 134
北京交通大学余晓蝶：教你正确睡觉 137

141 第八章
如何在学习中集中精力

天津大学房志豪：平心静气，日有所进 142
清华大学华子评：最好的态度是专注 144

149 第九章
如何记笔记

清华大学于思瑶：如何用好笔记、做好复习 150
中国人民大学赵翀：如何高效记笔记 153
清华大学李一诺：有效利用错题本 156

159 第十章
如何让成绩逆风翻盘

清华大学于思瑶：克服薄弱学科，实现成绩提升 160
北京大学白思雨：用一年时间从倒数实现逆袭 162
郑州大学刘艳粉：认清自己，有效地处理人际关系 167

177 第十一章
如何在考试中超常发挥

中国人民大学谷雨：练字很有必要 178
北京交通大学李若彤：15 天英语字体速成 180
郑州大学石思佳：站在出题人的角度思考 182

187 第十二章
艺术类高考和通过参加竞赛备战高考

中国传媒大学杨媛媛：艺考生如何学习文化课 188
北京科技大学张晨娇：艺考文化课复习攻略及
填报志愿攻略 193
江南大学李子豪：声乐考生如何备考 197

南昌大学杨旋：艺考和高考经验分享　200
郑州大学宋泽澜：艺考学习经验分享　206
清华大学卢旭洋：竞赛绝不是一条捷径　210

第十三章
心理调适及考前指导
215
清华大学敖超宇：高考，究竟在考什么　216
清华大学李一诺：应对高考，家长应该做什么　218
北京交通大学张文欣：考前注意事项　223
重庆大学肖康黎：调整心态，进行体育锻炼　227

方法篇

第一章

如何学好语文

清华大学陆泉宇：高考怎么考，我们就怎么学

大家都知道，老师在讲课时，几乎都先从课本讲起。在复习时，老师也经常会强调“回归课本”。那么课本究竟有什么了不起的作用，使得几乎所有的老师都对它推崇备至？

下面就以陆泉宇为例来回答这个问题。

陆泉宇同学的高考成绩是668分，还拿到了清华大学“领军计划”的30分降分，成功考入了清华大学新闻学院。他在分享自己的学习经验时，提到的诀窍主要与合理利用课本有关。

陆泉宇说，老师们一直在强调“回归课本”，主要出于以下原因。

课本是教育部所认可的唯一教材，其他我们看得到的教辅材料往往不过是基于课本的衍生和拓展。在命题人眼中，课本是第一手的、最可靠的命题资料来源。对于不同学科，命题人对于课本也有着不同的考法。

对于琐碎的知识点（如生物、化学、物理选修等部分），命题人可能会从课本的各个角落中出题，这样做不但符合命题要求，还能考查学生对课本的熟悉程度。

对于语文这门学科，很多同学认为考试内容几乎与课本没有关系。的确，语文这门学科在教学上，最初几乎都以“讲课文”为主，而课文的内容可能并不会直接体现在考卷上——与生物等科目的直接考查知识点不同，语文可谓“讲什么，不考什么”，这也让很多同学大呼头痛。

然而，语文作为相对特殊的语言类学科，其学习与考查自有章法。

对于语文，课本所传授的绝不仅仅是“知识”，还有“素养”与“能力”。

对于语文来说，考试要考查的能力有文本阅读能力、文言文本理解能力、概括与分析能力等。语文的学习包括一些基础的、“砖石”一样的基本知识，如要求学生掌握一些文学常识、文言语法（通假字、特殊句式等）、课本诗词等，而这些内容恰恰源自课本。如高考试卷中曾经出现过刘禹锡的一首诗歌，与其《酬乐天扬州初逢席上见赠》这首诗进行对比，此时如果对中学课本中的后者不够熟悉，则在作答中就会出现困难。

从以上内容我们可以发现，对于不同学科的考查，课本均有一定程度的体现，只不过侧重的方式和角度不同。那么，接下来就课本知识在不同学科的考查情况，我们应该如何有针对性地进行学习呢？

下面我们分情况讨论。初中、高一或高二的学生对于知识点而言，如果是第一遍学习，课本的重要性不言而喻。

课本上每一篇文言文、每一首诗歌老师都会精讲，在上课时一定要认真听讲，因为它不但是现成的、绝佳的文言文本分析材料，而且是高考所要求掌握的文本知识。通假字、古今异义词、特殊句式等基本语法，老师只会在最初时讲一遍，过后再也没有这样系统学习的机会了；同时，这些知识点可能会在试卷的任何一处出现，因此，在上课时有详听的必要。至于课本上的现代文，可以相对略听一点，但也要保留一个基本的印象，知道每一篇文章说的是什么、主人公是谁，以免在考场上遭遇“突然袭击”。

当然，对课本的使用方法也有区别。例如，对于高三复习的同学来说，此时大家已经经过了初步学习的阶段，对于课本上的基础知识已经有了一个基本的了解，这时对于课本不必再过于依赖，但也不能对其轻视。这时可以适当放下课本，专注于模块知识（如诗歌、文言文等）的学习。因为这两个部分的课本知识已经在初中和高一、高二阶段完成了基础知识的吸收与能力培养，在高考时对于课本的体现度较低，返回看课本未必是经济的选择。当然，如果在初次学习时基础不牢，或者有硬伤（如诗歌默写不会），那么依然需要回到课本进行再次巩固。

无论是在初一、初二或者高一、高二的初学阶段，还是在初三、高三的复习阶段，无论是语文还是英语、数学、物理、化学、生物、历史、政治、地理，课本在我们的学习中都有一定的用武之地。希望同学们能够有效地、合理地利用课本，重视课本，帮助自己的学习更上一层楼。

北京大学张博然：提高语文成绩的三点建议

对于如何提升语文成绩，很多学生和家长都觉得很无奈，学生觉得“书也读了很多，题也做了不少，可分数就是不理想”，家长觉得“语文老师说孩子的基础不好，让多读书，我们从孩子上初中之后，就给他买了很多阅读书，成绩还是不太好；到了高中，孩子学习紧张，读书的时间少了，每次考试分数就更低了。为了提高语文成绩，我们这些年还给孩子报了课外班，但因为性价比太低，我们就放弃了，还不如让孩子多学学其他学科呢！”

为什么提高语文成绩这么困难呢？总体来说，还是教授的语文学习方法含混不清，学生学得不知所措。下面就由北京大学的张博然为大家分享他对提高语文成绩的三点建议。

张博然在 2019 年的高考中取得了 703 分（语文 135 分）的高分，是辽宁省的第二名，成功被北京大学录取，并进入了光华管理学院。以下是他学习语文的一些经验分享。

在高考中，我的语文成绩是 135 分，很多人关心语文成绩如何提高，对此我有以下三点建议。

第一，写一手工整的字。高考批卷是流水线形式，字迹直接决定了批卷老师对考生的印象并影响最终打分。

第二，前期做专项练习。找出自己失分多的区域，并进行专项强化，不要一味地刷套卷，没有针对性地做题。我认为，我的语文成绩考 135 分，与平时的规范练习密切相关。下面我和大家分享一个我认为对我帮助最大的练习模式。在练习前需要的工具：几名水平相近、关系较好的同学，一块表，几本练习册或几套卷子。

首先，几名同学相互商议，买同样的练习题。其次，选出较大块时间（如周末在自习室），定好答题时间，几名同学共同答题，到时间准时交卷并相互交换批改。批完卷子后，拿回个人对应的卷子，独立研读答案并修改错误解答。最后，几名同学集中讨论，可以对疑难问题提问，也可以对批卷过程中发现的问题进行共享。这种练习方法可以达到效果的最大化。

另外，在写作业时一定要计时，因为考试时间就是有限的，如何在有限的时间里得到更多的分数是同学们必须掌握的能力，这种能力最好的训练方式便是作业限时化。平时养成计时的习惯，面对考试时的突发状况才不会慌张，才能最大限度地利用好每一分钟。

第三，做高考真题并反复研读答案。高考题与模拟题风格不同，高考答案有其自己独特的风格，常常十分简短且概括性强，因此我们不能被质量参差不齐的模拟题带偏了思路，而要回归近五年的全国三套卷，将答案背下来，揣摩出题人的习惯。还要补充一点：不要将自己的知识积累不足作为自己语文成绩低的借口与挡箭牌。积累量足固然更好，但只要多加训练，积累少的同学也能成为大家心目中的语文大神。

再说心态方面，在中学阶段，没有人的心态会一直保持平和。我曾在一次物理竞赛中与省第一名擦肩而过，当时感觉天都塌了下来。事后觉得完全没有必要，竞赛对于课内物理的理解有极大的帮助，包括在之后的“博雅计划”的考试中，竞赛知识让我在与同龄人的竞争中处于优势地位。

所以，任何时候都不要灰心丧气。请时刻记住：老师永远是引路人。有不会的题目可以优先问同学，因为同龄人的思路更加贴合，便于理解。但有心理波动时一定要与老师谈心，老师作为经验丰富的长者，他的建议与开导往往如醍醐灌顶，能让你跨过绊脚石，继续充满动力地向前奔跑。

北京大学李爽：语文学习全攻略

众所周知，语文这门学科在学习中要注重知识和学识的沉淀，它不是一两天就能学好的，学习语文一定要多读、多看、多写、多记、多背。

李爽在2018年高考中考的是全国卷Ⅱ卷，总分682分，被北京大学城乡规划专业录取。下面是她和大家分享的有关语文的学习心得与体会。

语文经常成为大家最容易忽视的学科，但是我想说的是，如果想在高考中取得一个比较好的成绩，考入一所比较理想的大学，还是要让各科均衡发展。学科短板对成绩的影响是很严重的。我最初也没有太在意语文成绩，面对语文作业，总是敷衍了事。然而，在一次考试中我发现，语文成绩对总分的影响越来越明显。我的总成绩因此总是难以突破一个瓶颈。从那一天起，我开始寻求方法去提高语文成绩。根据自己的经历，我给大家一些在语文学习中的建议。

一、语文学习一定要重视基础

首先，学习语文一定要重视基础，从基础做起。语文很多知识是记忆性的、碎片化的。需要积累的知识有哪些呢？主要有成语、文言实词、文学常识、作文素材。碎片化的知识点一定要学会见缝插针地记。我当时买了很多本书来随时背诵，还把成语、文言实词和文学常识写到随身携带的小本子上，利用早读、跑操前的时间背诵。对作文素材，我准备了一个厚厚的语文素材积累本，定期买有关作文素材的杂志。每周读杂志、作文报或者其他书，将我认为好的片段或素材摘抄到本上，每周会积累大概2～3页素材。在早上和中午的朗读时间，我会拿出我的笔记或素材本大声朗读。在休息时间，我有时也会拿出作文素材本翻看，把这当成一种课余放松。

有很多同学会有这样的疑问：通过刷题能不能提高语文成绩？我刷了很多题，为什么语文成绩没有明显的提高？其实，虽然语文成绩不是刷题刷出来的，但正确做题还是有用的，只要避免盲目刷题就可以了。语文试卷上的题目分为主观题和客观题。我当时是分别练习这两部分的。有些参考书是专门练习小题的，如选择题、语言运用（以下简称“语用”）题。我当时买了这样的书，然后利用碎片时间练习。练习的目的就是提高选择题准确度、积累语用题答题技巧与套路。主观题主要是阅读题和作文题。在这里先简单说一下阅读题，阅读题可以用整块时间练习，可以每天做一两篇，做时不要做过就过。要有反思，不但要学会套参考书上给我们的那些答题套路，还要学会整理典型题的答题套路。

二、阅读题和作文题的练习经验

做阅读题，答题套路其实不是最关键的，最关键的是读懂文章，怎么慢慢学会读懂文章，我在后面会有建议。除此之外，做题还要端正态度，这样做题才会有效果。接下来，我想谈一下做题的侧重问题，要想做题有效果，还是得有针对性。首先要找到自己的弱点所在，分析试卷，看自己差在哪里，再在这一方面去专项突破。我当时的一个弱项是论述类文本阅读。三个选择题的论述类文本，我经常一错就是两道，于是我就改变了做题计划，以做论述类文本为主。每做一道题，一定要写上成绩，反思自己做错题的原因。有侧重地练习，这样才能更有效地提高成绩。但是，做题的效果不一定体现在成绩上，如当时，我在经历了一段时间的努力后，竟然在考试中连错三道题。这种情况是十分正常的，毕竟考试中存在很多偶然因素。成效虽然没有体现在成绩上，但我们对这类题的做题经验一定会慢慢积累起来。所以我们一定不要急功近利，坚持做，总有一天会有效果。

在这里我还想说一下“练字”。练字对语文考试确实很重要，我觉得阅卷老师在判作文时，很大程度上就是按照字的工整程度和美观程度去给分的。不仅是作文，其实在所有的主观题中，字的印象分都很重要。想练好字，贵在坚持，要坚持每天认真练字，还要掌握正确的方法，从临摹开始练字，试着去改变自己的字体，就一定能练好。

接下来，我想谈一谈关于阅读题和作文题的练习经验。

阅读题和作文题可以说占了语文试卷很大一部分分值，抓住这一部分就显得非常重要。

首先，我们来谈谈阅读题。除去论述类文本，阅读题几乎都以主观题为主，包括文学类文本阅读、实用类文本阅读、古代诗文阅读、古代诗歌阅读。

文学类文本的主要文体是小说和散文，这一类文本最重要的是要把它读懂。读懂文本，要求我们有一定的课外阅读量。如果你是初中生，我建议你大量地进行课外阅读，毕竟课余时间相对比较充裕。阅读的体裁包括但不限于小说、散文，读后应该进行思考。有效的、大量的课外阅读是理解文章的关键，是做好阅读题最基本的方法。如果你是高中生，因为你的课余时间十分有限，可能没有太多时间进行课外阅读，但也应保持一定的课外阅读量，如利用寒暑假时间进行阅读。我高中时也困扰于课外阅读时间少，于是我就想了一个办法——把做阅读题看作阅读的机会。在做题时，我把遇到的每一篇阅读题中的文章都当作自己课外阅读的文章，把这些都当作增强理解能力的机会，对每一篇阅读题中的文章，我的目标都是力求读懂和深入思考。这样，就越来越能读懂文章。

实用类文本主要是传记和新闻，读懂这一类文章不难，重点就是学会总结答题套路、学会快速检索并整合信息。

古代诗文阅读就是我们常说的文言文阅读，文言文的文章题材大多为人物传记。文言文阅读的重点和基础也是读懂文章、正确翻译文章。第一，要读懂课内文言文，并牢牢掌握其中的实词、虚词和文言句式等。第二，可以试着翻译一些课外文言文，如《古文观止》中的文章，先自己试着翻译，再对照书中的翻译修改，记下自己没有掌握的实词和句式等。多积累实词，对读懂文言文至关重要，可以在平时养成记实词、背实词的习惯。文言文阅读重在阅读和积累，只有这样，才能一步步地读懂文章，做对题目。

古代诗歌阅读的关键是读懂诗歌和积累对应题型的答题套路。读懂诗歌首先要明确题材，高考考查的题材一共就那几种，学会分辨题材，能帮助你正确理解诗歌。诗歌的答题套路也是一个比较系统的知识体系，大家只要照着去学习、去记忆就可以了，老师应该会为大家总结，在此我就不再赘述了。

其次，我们来谈谈作文题。在语文考试中，作文分数所占比例还是比较高的，所以，大家要想提高语文成绩，一定得先写好作文，即使作文写得不是很好，也不能给语文成绩扯后腿。当然，提高写作能力还得靠积累，多读好的文章，多做摘记，还要养成随时记录自己脑子里想到的好词好句的习惯，否则会很容易忘记。还有就是自己有了好想法也要记录下来，平时还可以多读一些诗词，以便提高自己的语文素养。

接下来我们谈谈如何写好一篇考场作文。其实，写好一篇考场作文，主要有三个方面的要求：一是读懂题目，选对立意和题目；二是文章要有内容，这部分要求大家多积累作文素材；三是文章有清晰的、严谨的结构，语言表述好。

对于第一方面，其实不太容易做好。每一道作文题目都有最佳立意、稍差一点的立意及更差一些的立意。想要更好地确定立意，平时就要多进行练习。平时，我们可以多给自己找一些作文真题或者模拟题，去审题，去思考自己的立意。我们不一定每次都写成文，但务必每次都去思考自己的立意。

对于第二方面，我们只需准备一个素材积累本，并坚持积累、翻看就可以了。

对于第三方面，在写作中，文章结构一定要保证清晰，但不必严格遵守某个规则。只有结构清晰，阅卷老师才能在短时间内读懂你要说什么。语言的恰当表述也很重要，对同一个素材，不同的表述方式效果不同，而且在写作不同主题的文章时，素材的表述方式也应该不同。在写作中，我比较重视的两点是素材叙述的详略和语言表述的简洁。素材对文章有用的部分只有贴合文章主题的部分，所以，这一部分应详细阐述，其他部分则应该简略阐述，这样就可以做到详略得当。语言表述应当简洁。高考文章体裁大多为议论文，议论文重在说理清晰，不必有冗长的语言，语言表述一定不能拖沓。

总之，语文的学习是一条漫漫长路，贵在坚持。以前，我的语文成绩也不好，记得我中考的语文成绩仅 84 分（满分 120 分），但在高考中，我考到了 122 分，这时语文不再是拖我后腿的科目了。各位同学如果有薄弱科目，建议你一定要努力去提升它，也许最薄弱的一科会决定你能否考入理想的大学。

清华大学陆泉宇：靠大量刷题是无法提升语文成绩的

语文这个学科不像数学、物理、化学、生物这些传统的理科学科那样，可以通过大量刷题来提升分数。

下面是清华大学新闻和中文双学位的陆泉宇给大家的分享。他曾获第二十届“语文报杯”作文大赛的全国特等奖，高考成绩 668 分，再加上清华大学“领军计划”的 30 分降分，如愿考到了清华大学的新闻学院。接下来是他的一些语文学习心得。

很多同学认为，语文这个学科，教材上讲的知识、上课学的知识和考试考的知识好像完全没有关系。表面上是这样的。例如，我们在课本上学的《烛之武退秦师》《荆轲刺秦王》《鸿门宴》等文言文，还有课本上学的一些小说、诗歌、散文之类的，无一例外，从来没有出现在我们的任何一次考试试卷上。考试时考的都是我们从来没有读过的论述类文本、文学类文本、实用类文本、文言文、诗歌，唯一和教材有关系的，可能只有诗歌默写题目。既然语文课本里面的内容与考试试卷上的题目几乎没有什么直接的关系——至少在表面上我们看不到什么关系，那么我们为什么还要学习课文？

究竟课本在语文这个学科上带给了我们什么呢？我的答案是这样的：如果我们看语文试卷，它考查的东西可以分成两个部分：一个是知识，另一个是能力，或者我们说素养。在知识这一部分，如那六分的默写题，就是必须背下来的东西。初中的五十篇和高中的十四篇，一共六十四篇默写。这些我们需要背下来的东西，就是实打实的知识。再如文言文的翻译，在文言文翻译里面，它是严格按采分点来给分的。采分点就是我们在文言翻译时需要注意的知识点，包括通假字、古今异义词、特殊句式、词类活用等。那么这些东西就是我们所谓的“知识”，它是可以通过学习这些知识点来学会的，如诗歌，你去背就可以背会，这些文言文的知识点，你去学也可以学会。课文中除这些必须背的诗歌以外，老师在讲课文时，也会把这些知识点带出来。例如，虽然考试时不考《荆轲刺秦王》这篇文言文，但是我们在分析这篇文章时，老师会带领我们逐字逐句地把它的词类活用、通假字等知识点标出来，这样就让我们了解了，在这篇文言文中，都有哪些知识点需要掌握，从而我们可以利用这些知识点来分析新的文言文。

那么，除知识点以外，另一个就是我们所谓的能力。能力和知识点不一样。知识点是可以单纯地通过学习和记忆来获取的，而某些能力是需要你通过做题，自己进行总结、积累来掌握的。例如，分析能力就是我们说的比较重要的一种能力。在试卷上经常会有小说分析、散文分析、诗歌鉴赏题。此类题要求你看完一篇文本之后，通过这个文本分析其中的感情、手法等。当然，这些也是有一些套路的，但是你要想把这篇文章读懂，需要阅读理解能力，你要想把它分析透彻，需要你有分析能力。同时，对于论述类文本，需要你找到文章和题目，这个句子出现在哪里，这个句子对应的地方，需要你有对应原文的能力。这种能力在实用类文本中也会有所体现。

毫无疑问，作文考验的是我们的写作能力。总的来说，这些能力可以分为两种：一种是阅读能力；另一种是写作能力。如果具体再细分，就是刚才说的那些细小的能力。只凭课本，是得不到这些能力的。为了培养这些能力，我们需要多做题。怎么做？后面我会向大家详细介绍。

知识和能力是两个部分，我们经常说：功夫在诗外，功夫在书外。这个所谓的“功夫”，往往就是我们说的能力，而这些素质或者能力是没有办法通过课本阅读来获得的。如果你盲目地刷题，却没有特定的想法，或者说不知道刷题是为了什么，那么这种能力也很难通过这种盲目的大量刷题来进行培养。

既然语文学习有知识和能力这两个部分，那么我们就应该对症下药，着重在这两方面下功夫。知识就是语文学习的知识点，你必须掌握。怎么掌握呢？上课时听老师精讲，这个是最重要的。上课时不认真听课的话，是没有任何办法补救的，这个时间非常珍贵。例如，老师带领大家学习文言文的一些固定的语法时，你一定要好好地拿笔记下来，例如，通假字是怎么样的，常见的词类活用都有哪些，使动用法、意动用法、为动用法，其他活用（包括特殊句式有哪些是常见的，是判断句，还是倒装句）。需要背的，一定要乖乖背下来，如果你不背那些诗词，你是学不会这些知识点的。

在中学阶段，推荐大家买基础知识手册这类辅助书，我在高中时，就买了一本薛金星老师主编的《高中语文基础知识手册》，你需要的基础知识基本上都在里面。这本书我在高中时用了三年，觉得它非常全面、非常详细，里面有每一个部分需要掌握的基础知识，它比较贴心的地方在：不是按照教材的顺序编的，而是按照考试时的考点，或者说模块来编的。例如，论述类文本，你需要掌握哪些知识；文学类文本、小说、散文，你需要掌握哪些知识；文言文，你需要掌握哪些文化常识，翻译时需要注意哪些实词、虚词等。这些内容都在这本书里有体现，所以，希望大家能够掌握这本书上的相关知识。

如果对于这一门课每一个部分的知识，你都有比较详细的了解，那么接下来要做的就是培养能力。培养能力的过程，就是我们俗称的刷题。在刷题过程中，你不仅要了解知识点，还要深究题目，了解这个知识点出题人会怎么出。应该怎么进行刷题呢？我个人的建议是，如果想见效快，最好分模块刷题，就是分题型刷题。例如，这个部分，你想单独练诗歌就练诗歌，你想单独练文言文就练文言文。为什么呢？因为我们知道，一套语文卷子两个半小时，即使去掉了作文，还有将近两个小时的时间。

对于大多数同学来说，连续刷两个小时的语文卷，是一件非常枯燥的事情。而且语文这个学科还和其他学科不太一样，很多学科，如数学、物理、化学等见效比较快，你刷一些题，可能就感觉自己能够见到成效。这个反馈机制就是，你付出了就有回报，它会激励你继续努力学习。而语文这个学科，它见效比较慢，尤其是当你大面积刷题时，你往往会感觉“我做了这么多题，好像什么都没有学到”，这会让你感觉有一种挫败感。对付这种挫败感的方式就是分题型刷题。我个人的建议是：想提高哪个部分，就着重刷哪个部分。例如，必刷题就有分模块的题，单本就是论述类文本，或者单本就是文言文和诗歌这样的一本题，你就着重刷一个或者两个题型，然后把这种题型多刷一些。持续地刷一个题型，你就会发现对于这个题型，你是有收获的，就会比较有成就感，感觉自己好像学会了一些东西。

很多同学在做题时，自己冥思苦想很久后，把自己想的答案写上，然后和标准答案对比。这个时候发现，标准答案和自己写的完全不一样。标准答案给的是对比，自己写了虚实结合；或者标准答案给的是以乐景写哀情，自己写了借景抒情。此时就会很懊恼，然后把标准答案随手往上一抄了事。这种方式我非常不提倡。我个人觉得这样做的话，和没做没有什么区别。为什么这么说呢？因为你做题培养的是正确的思维方式、分析方法。

诗歌用了什么样的手法，或者在其他的文本里，有一种怎样的体现，这是我们刷题需要培养的东西。但是如果你坚持在自己的方法里不出来，而不是好好地理解正确的思路和正确的方式，反而一抄了事，然后就进行下一道题，这等于你只注重做题的速度和做题量。在经过一段时间的刷题之后你就会发现，虽然自己做了很多题，但是总感觉自己什么也没学会。所以，我给大家的建议是：精做。

精做是一个什么概念呢？就是你去订正你的答案的过程，可能比你自己去做的这个过程更加重要。例如，你做一个题目，如果你觉得自己会做，那么就认真想一想，把答案写在上面之后再去看标准答案。这里以文言文和诗歌为例，首先你看一下标准答案是怎么分析这篇文言文、诗歌的，如果题目中考查手法，这时你就要分析为什么这里用了这种手法，和你写的答案为什么不一样，是在哪个地方的理解出了误差，还是对于这种手法本身的理解有问题。这个时候，我们就会发现自己在哪个知识点的学习上比较薄弱，然后就需要返回到第一个阶段。

在刚才说的知识点学习中，我们发现自己在做题时，某一个知识点出问题了。这时，我们就要去看书上是怎么介绍这个知识点的，这个知识点应该怎么应用。如虚实结合，在什么地方这种手法是虚实结合；在什么情况下，这种手法不是虚实结合，只是单纯的虚写。这样，我们就对这个知识点有了一个更深入的了解。

其实，你每做错一道题，都是对一个自己遗漏的知识点，或者自己不熟练的知识进行补充的机会。查漏补缺，说的就是这样的一个过程。

而不是像很多同学那样草草地把答案一改了之，不对答案进行深入的分析，便直接进行下一道题。这样做其实是浪费了这道题的答案和解析。如果对于题目真的没有什么思路的话，我认为，对于答案直接进行分析，也是一个不错的选择。也就是说，你对这道题丝毫没有思路，那么我们可以直接把解析拿出来一行一行地认真去看，想一想解析的思路是怎样的，为什么自己没有想到，这个过程也可以让你有一个比较大的提升。在我看来，这比做完后不分析答案要好太多了。

上面我提到了错题，接下来介绍错题本。我的建议是，同学们如果想在做题的过程中有比较大的提升，错题本是一个很好的工具，每一个学科都可以准备一个错题本。我还是以语文这个学科为例。不是所有你做错的题目都要往上积累，我的建议还是分类型、分模块积累。例如，诗歌鉴赏的手法。一些手法、相关题型，你做错了，为什么会错呢？你自己想不通的往上记。如果是由于马虎大意或者其他原因造成的，你觉得自己是会的，就没有必要往上记。所以你的错题本记上的应该都是精华，记的都是你自己真正不会的东西。其他模块也一样，如文化常识，你把做错的文化常识积累到一起，就是你自己的一个文化知识宝库，在考试之前就可以拿出来复习。所以，错题本其实是积累效率比较高的一个工具，也是你对自己的盲点进行集中攻克的一个好的途径。

刚才我以文言文和诗歌为例，介绍了知识点和能力培养的部分。其他的也是一样的，如论述类文本、文学类文本、实用类文本以及作文，其实都有一些固定的、基础的知识点和做题的一些格式，可以通过查阅一些教辅资料进行学习。如现在网上的资源、慕课或者 B 站（https://www.bilibili.com）之类的，都有很多很不错的教学资源，可以在上面找到自己需要的知识或者方法。这些东西拿过来，如何化为己用，还需要自己在做题时进行操练，之后再分题型、分类别地进行积累。这个时候我们就可以把做题时发现的不会的知识点进行梳理，以获得突破。

希望我的分享能给大家一些帮助，让大家在语文学习的过程中能够更上一层楼。

清华大学宁淳：语文高分秘诀

为什么很多人上语文课时认真听讲，下课后认真做作业，每天都在努力学语文，但是语文成绩还是不能有大的突破呢？其实，学习语文需要钻研。

宁淳来自浙江，参加的是浙江七选三新高考（选考物理、化学、生物），高考 700 分（语文 127 分），成功考入清华大学临床医学专业。下面她将为大家分享她是如何钻研语文的。

我并不属于语文基础很好、很有文学素养的学生。事实上，我在高三上学期的测试中语文成绩一直忽上忽下，但经过我“孜孜不倦的钻研”（我在理科班，对如何提高语文成绩很感兴趣），在最后的两个月内把语文成绩提到了年级前列，最终在高考中获得了十分理想的分数。下面我想按照浙江语文新高考卷面题型，从应试的角度梳理一下我在高三是如何“钻研”的。

第一大题“语言文字应用”考的是字音、字形、标点、词语运用、语病和较简单的文字应用题，这些题型相对固定，也是最容易拿满分的题目。当然，想拿满分也是需要艰苦努力的，当时我主要做了三件事：一是每日进行固定题量训练，有许多专练第一大题的练习册，我每天都会做上 2 ～ 3 篇；二是积累，练习当中的错题以及平时上课或各种资料里这一方面的东西，只要遇到我不熟悉的，我都会分门别类地整理到专门的笔记本中；三是每天早读，只要有时间，我都会把记在本子上的内容拿出来反复背诵。经过一整年的积累，到最后阶段，我基本可以保证只有文字应用题可能会扣 1 ～ 2 分，这样才能把有限的扣分机会让给后面更加灵活多变、捉摸不透的阅读理解题。

第二大题是两篇现代文阅读。个人认为第一篇小阅读题更偏重于对逻辑能力的考查，老师会提供一些常见错误的总结和识别标志，如“全部”“绝对”之类的，但如果题目“狡猾”一些，所有选项都似是而非，这时做对两个选择题只能靠与原文仔细比对和对文章意思的理解，试着去寻找它在逻辑上的漏洞。当时我也主要是在熟记常见错误和套路的基础上，靠平时经常做小阅读的选择题来积累经验。

相比小阅读，我认为大阅读题的简答题才是最棘手的。老师一定会讲大阅读题的常见题型与套路，首先这个“套路”的记忆就很麻烦，因为它的题型实在太多了。但我还是想说，熟记套路是十分必要的，并不是说每道题都能套上去，但套路其实是在提供不同的答题角度。

对我个人而言，刚开始我的大阅读题也是做得惨不忍睹，但自从我能熟记套路以后，做题时思考的角度就开阔很多，经常也能答到一些以前想不到的点，这其实就够了。浙江高考大阅读题中总有一问或两问令人摸不着头脑，我在高三时为了开阔自己的思路，甚至还做了一些江苏语文的高考题（更难且与老师讲的套路没什么联系）。其实我觉得真正做好大阅读题与个人的语文素养是密不可分的，在高三紧张冲刺的环境下，如果其他方面还有比较大的提升空间，其实在大阅读基础分可以拿到的情况下（也就是熟练运用套路解答常规题型），不如暂时不去管它。我当时在大阅读方面并没有花特别多的时间，但我会保证每做完一篇现代文阅读，与答案核对时，都想一想我漏掉的点在原文中有哪些暗示，为什么我会把它漏掉。

第三大题是古诗文阅读。对于第一篇课外古文，我的学习方法与第一大题一样——积累。古文，无非就是古代的语文，而考查字义、断句、翻译句子的能力，其实都需要像做第一大题的错别字、词义、病句时那样不断积累经验，也就是要掌握常见古汉语实词、虚词的释义。每当做古文练习时，语文老师在前期都会要求我们通篇翻译，遇到不熟悉的实词和虚词时我都会及时记录到专门的笔记本上，并在早读时拿出来复习。古诗其实就是微缩版的大阅读，做题方法和大阅读差不多，但比大阅读多的要求是先要保证对古诗的理解，这又回到了古文的字词意思的积累上，因为有时理解错一句，整首诗的意境和情感就会“谬以千里”。

《论语》大题和古诗默写较为简单，我这里就略过了。下面我想说一说高三最令我头痛的板块——作文，分享我这个文字能力一般的学生从44分逆袭到50分及以上的难忘经历。

当时我们是在高三四月选考，选考结束后离高考只有两个月了，我就决定把语文方面的重心放在提高作文上。因为到了最后关头，我觉得其他部分其实基本定型了，但是如果我能在作文方面上一个台阶，就可以多拿至少5分。当然，我为了这5分又花了许多力气。

首先再次说明，我在作文方面并不是一个有天分的人，尤其不擅长写考场作文。因为平时我写出一篇像样的作文至少需要先构思半小时，再动笔写一小时，这样的写作习惯在考场上是致命的。我每次考试一定会剩下一个小时给作文，即便这样我也仍然感到时间很不够用，匆匆写下的作文，最后也只能从老师那里拿一个平均分：44分。虽然我一直不停地在寻找各种方法改进，但这种情况还是一直持续到了选考结束，其间我有过很多崩溃瞬间，觉得付出与回报太不成比例，所幸最后的两个月我做出的努力与改变起到了很大的作用，令我在最后一个月的考试里作文进步到48分以上，这可能就是真正的厚积薄发吧。

我在作文方面主要做了以下三件事。

第一件事是作文素材的积累。我看了高三一整年的《作文素材》，并备有专门的积累本。到最后阶段，同学之间还经常交换素材。同时我也会去网上找素材（如知乎），因为我觉得素材的使用率其实比较低，所以最好的办法就是尽量多记一些。但是不得不说，其实到考场上最后用上的素材还是自己很久以前就知道，并且很熟悉、很感兴趣的内容。

像2018年高考作文题“浙江精神”，在运用素材时显然必须是关于浙江的人物的，但说实话，平时谁又会按地域来记素材呢？幸运的是，我在考场上还是想起了很多人，其中的古人都来自《明朝那些事儿》，而这套书恰恰是我高三下学期为了解压又重新拿出来看的；高三上学期我靠看金庸的书来解压，也在平时的一篇52分的作文中成功运用了进去。事后想来令人感慨，颇有“有心栽花花不开，无心插柳柳成荫”的感觉。所以大家在积累素材时不妨有所取舍。

第二件事是文章的风格确定。我觉得写议论文有两种思路可以走：第一种是“硬核说理”，需要把道理说得深入浅出，使用多种论证方法，而且观点通常需要比较深刻、有新意，但对语言要求不高，简洁即可；第二种是“软说理”，更偏向说理性散文，对论证的清晰和新意要求没有那么高，但是要具备优美的语言风格，甚至还要有一些骈散结合的音韵美。当然，这两个方面可以结合最好，但我高三时毕竟作文基础不好，在这个问题上，我起初想走第一种风格（可能是因为觉得自己是个纯理科生），但是经过一定的训练以后，作文仍没有太大的起色。在高三下学期，特别是选考后，我选择了第二种风格。为了提升自己的语言水平，我特地看了周国平和王开岭的散文，尤其是王开岭的一整套书，摘抄并且总结他的句子的写法，重点训练达到形象生动且文字优美的说理效果的能力。最后形成了自己的一套语言风格，虽远不及大作家，但总算提高了我的考场作文水平。

第三件事是找语文老师修改。对于以上两点，我在高三上学期其实都有意识地进行了训练，但是并没有收到很明显的效果。我认为第三点才是快速提升作文成绩最好的办法。四月选考结束以后，我每个周末都会写一篇作文拿给语文老师看，然后再修改到能拿50分以上的水平为止。刚开始一篇作文在家里要写一个多小时，而且还要改两到三遍，经常推翻重来，过程十分痛苦和煎熬。我一共这样大改了六篇作文，在接近高考不到一个月时，作文终于厚积薄发，在学校的模拟考和平时的周考中可以稳稳地拿52分。虽然改作文的过程很痛苦，经常改到怀疑人生，十分绝望，但是从最后的结果来看，却是一个十分有效的方法。

最后总结一下，以上我分享的办法都是十分“应试”的，但即使目的如此“功利”，也不难发现其途径与真心提高语文素养的途径相同：大量积累。虽然过程很辛苦，也会怀疑这样做到底有没有用、值不值得，但至少我的语文提升经历真实地让我感受到付出与收获的老道理——付出不一定有收获，但要想有收获就必须要付出。希望能帮助到大家。

清华大学杨珂涵：语文应试技巧

语文是中、高考竞争中学霸们的杀手锏，尤其对于理科很好的学霸们来讲，数学、物理、化学等理科学科都拉不开分，而语文这个科目就会成为高手们较量的主阵地。相信大家也经常听老师念叨“得语文者得天下”，语文这个科目的重要性可见一斑。

下面由清华大学杨珂涵分享有关语文这个科目的一些经验与心得。她是2019年高考全国II卷的考生，在当年高考中语文取得了133分的成绩。

我会以“问答”的形式分享自己的感受。我选取了一些高中语文学习过程中困扰我的问题，内容涵盖课堂、笔记、时间安排、心态调整以及作文等多个方面。高考结束后，回望自己的心路历程，我针对这些问题给出了自己的答案。希望这些有代表性的问题可以解决大家的困惑。

在分享自己的感受之前，我想请大家记住：语文学习需要长期积累，每一天的努力都有用。

一、关于应试

1. 语文考试应该如何安排时间

与其他学科一样，语文也需要形成一个适合自己的、相对稳定的、比较细致的考试时间安排。

就我个人而言，论述类文本阅读是整套试卷中挑战度较高而且含金量较高的题目，我会用15～20分钟进行作答。要注意的是，当犹豫不决时，千万不要恋战，否则可能会导致后面部分题目做不完。剩下的题目按照试卷顺序作答，最好保证作文有50分钟左右的时间进行构思、写作。

当然，时间的分配需要在每次考试的实践中不断调整，尽快形成最佳的考试时间安排方案。考试时间安排方案因人而异，不苛求统一，但务必遵循稳定、细致的原则，留出5～10分钟的弹性时间。语文如此，其他各科也类似。

2. 选择题怎么做

我的高考语文选择题得到了满分。经常有同学向我咨询提高语文选择题的正确率的方法。

在我看来，首要原则是区分“fact”（事实、真相）和“opinion”（意见、评价），这个原则对于我所有科目的选择题都十分有效。不要先入为主，不要“我以为”，不要钻牛角尖，不要抬杠。当然，在细节上，做题时要注意圈画题干，一定要注意逆向选择设问。然后去看每一个选项的问题在哪儿，标注出来，不要急于下结论。

其次，扎实的语文基础知识是提高选择题正确率的关键，了解的技巧再多，没有坚实的基础知识做支撑，语文学习也不过是空中楼阁。

大家千万不要因为某些题目的答案无法理解而在课堂上与老师争执，一意孤行。相反，我们要调整自己的思维模式，向标准答案靠拢，努力理解答案的合理性。

二、关于作文

大家可能会问：如何积累语文作文素材？是否应该总结作文模板？作文成绩能否在短期内提升？一言以蔽之，想拿高分，就要学会“戴着镣铐跳舞”。

真正的好文章，应该让读者感到如与作者对话，字里行间能感受到作者的性情。文章不仅应该有“风度”，更要有“温度”。学弟、学妹们可以根据自己的特点，选择一种文风。相信大家在平时的模考以及高考中，大多还是会选择“议论文”这种体裁，偏重说理性。思维的深度和广度决定了我们写出的文章的逻辑性与丰富程度。论据的使用、合理的结构也能为作文加分。

首先，要告诉大家的是，即使到了高三后期，作文依然可以有较大幅度的提升。因为在这段时间里，大家会频繁地考试、练习，接触大量的作文素材和范文，只要肯下功夫，高考作文的水平自然能得到提升。作文素材主要包括道理论据和事实论据，即名言和事例，它们往往能够成为文章的点睛之笔，其重要性不言而喻。

那么，如何积累素材呢？积累素材是一个长期的过程，杂志（如《作文素材》）、散文甚至优秀的范文，都可以成为你的素材来源库。这需要你从中提炼好用的事例和名言，分门别类（如关于诚信、美德、正义等）地记在专门的本子上。素材积累应该成为日常学习的一部分，并不是你看过的东西就会成为你的素材，你需要反复浏览这些素材。在中学期间，我会背诵老师给的作文素材、时事热点评论、杂志侧边的名人名言，加之从各种渠道来的零碎积累，并在后期反复重点浏览、思考。旧的不能忘，新的素材也不能停止输入。在此我强烈建议关注《人民日报》、央视新闻等官方媒体，当下最新的时事经常可以成为一个作文题的思考背景与亮眼素材。

作文素材的积累是个浩大的工程，一个人的力量往往是有限的。我就受益于学长们整理的作文素材。在条件允许的情况下，大家一定要和周围的好朋友协同合作，共享自己目前积累的素材，也可以分工收集材料，以达到事半功倍的效果。

至于“作文模板”，我认为作文最重要的就是思路，其次才是素材。能够快速形成一个有层次、有深度、有辩证思考的思路，需要经常学习、分析优秀文章，更需要勤写勤改。针对“模板”这个词，大家容易产生生硬、僵化之类的印象。但事实上，高考作文的确有一些规律性的东西。大家可以尽可能多地搜集范文（尤其是本班同学的优秀作文），然后去总结共性。最终的目的不是用一套模板写作，而是要具体问题具体分析，在不同的题设和情景下，根据不同的主题和题目要求，得出一些规律，整理出几套较为灵活的格式。在这个过程中锻炼自己的思维方式。

三、关于日常语文学习

1. 语文课要听吗

从我个人的经验来看，语文老师的授课都是精华。语文老师在每堂课上所讲的每一个知识点，我们都应该掌握，掌握得越及时、越深刻，后期的压力也就越小，这是因为每一天各科都会有需要记忆的东西，像滚雪球一样，问题越来越多，而且随着学习的深入，走回头路会让你变得很累。基础知识的不扎实，常常成为做题时难以突破的瓶颈，特别是文言文阅读中的文学常识和实词释义，是“硬指标”，必须掌握。

此外，语文老师的知识体系在不断更新，你也应该跟随老师不断完善自己的知识框架。不论是新课还是复习，老师对于自己想要教给我们的知识点都早就计划好了，所以，语文课堂上绝对不能打马虎眼，绝对不能轻视语文课堂。建议先准备一个小本子记一些小的知识点，后期复习时再在笔记本上总结。课堂上，还要认真关注同学们的发言，对于他人总结的知识漏洞，也要时刻反省自己是否存在类似的问题。兼收并蓄，课堂讨论，这是相比于其他语文教学方式难得的财富，我们不但可以学习其他同学的观点，还可以检验自己思维的不足，发现自己没有察觉到的问题，吸收他人的长处，从而进步。

2．语文需要记笔记吗

笔记非常重要，每位同学都应该总结出自己的一套独特的知识体系。

我们可以分模块记笔记，按一定的顺序，用不同颜色的笔，使之条理清晰。条理清晰的笔记，无论什么时候翻阅，都可以效率最大化。对语文笔记来说，建议按模块整理，以便于复习，例如，病句、文言文、诗词、散文、小说、论述类文本……并且这些笔记要配合各个专题的题目整理在一起，实现效率最大化，构成完整的知识体系，不至于考前出现语文无可复习的窘况。至于记笔记的方式，不是老师写在黑板上的内容才要记，口头总结、课下的问题解决后的总结也应及时补充进去。

3．语文积累怎么进行

语文在于积累。我们需要准备积累的材料，例如，文言文、成语、必背 / 默写篇目、道理论据（名人名言）等，不断加深印象，督促记忆。不能寄希望于一次记忆，或者以后再记，积累在于平常的一点一滴。要抓住课堂时间，提高上课的记忆效率。当然，在课堂时间有限的情况下，每位同学都应当自觉地在课后认真踏实地完成背诵任务，对自己负责。

四、关于心态

很多同学会觉得自己一直在努力，但语文成绩始终低迷。怎么克服由此产生的焦虑呢？

语文学习是一个长期的过程。对于学生来说，“一直在努力却迟迟不出成果”是最大的打击。在这种情况下，很多同学可能逐渐放松对自己的要求，甚至放弃目标，半途而废。这些都不可取。

在这里想送给大家一句话：“但行好事，莫问前程。”要相信付出的努力一定会有回报。不在意是否有回报而坚持脚踏实地地做事，成功总会到来。以我自己的经历举例子，我在高三的多次模考中语文绩起伏很大，有130多分的时候，也有110分的时候。有时我甚至怀疑自己的付出与回报成反比，但我还是咬牙坚持了下来。最终的高考语文成绩没有辜负我。

当然，除主观因素外，语文的学科性质决定了语文分数受老师判卷、题目风格等不可控制的因素的影响也比较大。主观方面尽量做好，每分必争。平时考试时，如果明确是客观因素影响，请放宽心态，不必过于计较。高考出题、评卷较严谨，大家不必过于担心。平常认真学语文的同学，高考成绩大概率不会差。

相信同学们一定能在探索中发现最适宜自己的学习方法和应试技巧。乾坤未定，大家皆是黑马。

第二章

如何学好数学

清华大学张瑶：从不及格到143分——数学困难户的“逆袭”之路

数学作为三大主科之一，一直被认为是拉分的强势科目。有人欢喜有人愁，有的人数学能考150分（满分），而有的人数学只能考40多分。

很多人认为，数学是所有学科中最不公平的一门，因为有些开窍的孩子可以很轻松地拿到高分，甚至是满分；而那些不开窍的孩子即使拼命地刷题，成绩也只能是中等；更有甚者，那些数学差得一塌糊涂的孩子，有时连题都读不懂，可能老师刚讲过，换一个问法就不会做了。这就使人们认为：数学要靠天赋，没有天赋的孩子学不好数学。

但是，事实果真如此吗？下面就有个真实的案例。张瑶，2018年参加高考，从数学困难户成功实现逆袭，高考数学成绩达到143分，考入清华大学法学院。

下面是她的一些体会和心得。

和很多同学一样，高中三年是我和数学相爱相杀、纠缠不止的三年。每次考试最令我头疼的就是数学。数学曾经摧毁过我的自信心：以全校前五十名的成绩考上心仪高中，却在高一的一次数学小考中惨遭“不及格”（应该也是全班倒数）的打击。而数学最终又让我增强了对自己的信心：高考时，在心态极其紧张以致整体发挥不甚理想的情况下，数学是我发挥得相当不错的一科。可见长久的坚持和训练确实对我大有帮助。

而这中间的“转变”是怎样完成的呢？用时髦的话来说，这似乎是一种“逆袭”。其实，在亲身经历后，我体会到提高数学成绩虽然没有那么轻松，但也绝对不会像“摘星星”那样遥不可及。重要的是，在建立正确心态的基础上，坚持科学的训练方法，脚踏实地地前进。

首先，我来谈一些心态建设的话题。

“心态建设”确实是我们解决实际问题不得不迈过的一道坎。很多时候，“自己吓自己”带来的问题可能远远严峻于实际问题。而正确的“心态建设”不是自我催眠、阿Q精神，而是根据客观情况正确评估自己的水平，找到努力的正确方向。而我的心态建设主要从以下几点出发。

第一，要明白自己成绩不理想的考试的难度和高考实际难度的差别。如果知道排名，就能知道身边的竞争者和全省的竞争者的水平差别。

这一点可以说是非常重要了。我们面对的大多是学校考试，而学校考试和高考是存在一定差距的。学校考试可能会故意提高难度，让我们在高考时产生“牛刀杀鸡”之感，少数情况下也可能故意“放水”以鼓舞士气。很多同学每次学校考试都是第一名、第二名，高考时在没有发挥失常的情况下不过是二本。也有同学学校考试没上过120分，高考时却一下冲到140多分。所以，如果同学们的成绩或者排名不理想，一定要记得自己不是在一个班，或者在一个学校之内竞争，而是在和全省同学竞争。归根结底，是要看自己现有的水平和高考要求的水平差距多大。

对我而言，我的班级是校内水平不错的班，我做的试卷的难度也明显高于文科数学高考难度。所以，我当时鼓励自己，这次不及格不代表自己的绝对实力差，还是可以“抢救”的。

当然，如果你做的试卷和高考难度接近，尤其是一、二模这样的考试成绩不理想，说明问题有一定的严重性了。那么可以着重参考下面要谈的。

第二，要明白“粗心”的实质是水平问题，是可以解决的。

有些同学说：“道理（解法）我都懂，但我就是粗心大意，我也没有办法……”“我总是粗心……”。我曾经也为粗心问题叫苦不迭。其实，粗心的实质问题就是水平问题，否则，为什么一些人语文不会写错字、说错话，数学就会看错、写错、算错呢？

一些粗心是因为做题太慢，导致后期心慌意乱，急中出错。一些粗心（看错数字、小数点）则是因为平时根本就没有养成按部就班做题的好习惯。至于算错，则是因为“手速”不够，对题目的掌握还不够熟练。

第三，接受一些“偶然”。如数学还是没有考好，甚至比以前的分数还要低，这不代表你没有进步。任何考试都少有永恒的赢家，数学也一样。只要自己的大方向正确，做题时也能感受到进步，就不必为一两次的得失过于挂心。

讲完“心态建设”，接下来分享一些切实让我提高成绩的方法。

首先，打好基础，“吃透”课堂内容。高考数学的全国卷难度并不大，“吃透”课堂内容就可以拿到 90% 以上的分数了。那么具体怎样“吃透”呢？通俗来说，“输入”成功的唯一标准就是可以正确“输出”。千万不能看着笔记 / 板书什么都懂，自己做却“一抹黑”。那么，怎样检验自己能不能把课内知识正确“输出”呢？我建议，如果你的基础薄弱，最好隔一段时间就把老师讲过的例题和作业题拿出来“翻炒”——蒙上答案再做一遍。如果这样做了你还是不太确定自己的基础是否扎实，建议做一些教辅来检验和巩固。在打基础阶段，练习在精而不在多，重点是要掌握“万变不离其宗”的解题方法。

其次，我的有效“杀手锏”是俗套而有用的刷题。

很多人（尤其是学霸）宣称“做十道不如精一道”“题海无用”等。但是，希望大家认识到，这些学霸本来就拥有超出常人的灵活运用和精确计算能力，所以掌握方法就可以完美应对大多数题目。而对于我们这些“芸芸众生”来说，“精一道”和“练十道”都是必需的。“精一道”类似于上一点讲的掌握方法，而大量练习则不但能提升你运用方法的准确性和头脑的敏锐程度，还可以提高你计算的准确性，甚至提高排版、卷面的美观度。练习产生的安全感和自信感也可以帮助你更好地冷静下来，克服因慌乱或者经验不足产生的粗心大意。要知道，花 20 分钟做出一道题和花 5 分钟做出一道题，虽然都能说明你“掌握”了，但代表着完全不同的“段位”水平。而在你拼命把解题速度从 20 分钟加快到 5 分钟的过程中，你的水平也会有本质的提升。

你可能又想问，刷题时对于材料和频率有什么具体的注意事项呢？

我认为，这个因人而异，应该“对症下药”。就我自己而言，分题型刷题时，我的练习材料主要是高考题和比较权威的模拟题（《5 年高考·3 年模拟》是我常用的材料）。而整体刷题（做卷子）时，我选择的是本校和兄弟学校的模拟卷（这个确实因人而异）。高一、高二阶段，还在学习各个版块的基础知识时，我分题型刷题比较多，期中、期末时会做卷子。而到了高三复习阶段，我刷卷子比较多。刷题型是为了灵活运用方法，而刷卷子是为了培养良好的书写习惯和提高考试时间、心态管理能力。这两种练习于我而言都是不可或缺的。

至于刷题频率，对于数学薄弱的同学而言，建议每天都做一些常规作业之外的练习，保持“手感”。我在高三阶段每天坚持额外做一种小题（选择题和填空题）和 1 ～ 2 道大题。

最后，我想谈的是错题本。

对于错题本，有人视其为鸡肋，也有人视其为法宝。我之所以把“错题本”排在“掌握基础”和“刷题”之后，绝对不是说错题总结不重要，而是认为错题总结应该建立在基础牢固和有一定练习量的基础之上。如果基础没打牢，练习没做够，改了这一道题换一道新题又不知道怎么做，或者是知道怎么做了，还会犯粗心大意之类的错误，那么“错题本”的作用也就不那么显著了。

如果你做好了前两步，那么我们下面就谈谈错题本究竟应该怎样制作。

首先，我不建议花过多时间把错题本做得“一丝不苟”“花里胡哨”，这会浪费很多时间。错题本本来就是锦上添花，关键是“好用”而非“好看”。如果没有时间写题目，写题号和书上的位置也可以。如果一张卷子错题很多的话，剪刀加胶水也可以。

其次，我一般会借助活页本把一类错题放在一起。写错题时，我绝不会仅仅把答案抄一遍，而是会写清楚自己到底错在哪一步（哪怕是计算错误也会把哪一步算错了、是怎样算错的写出来），达到吸取教训的目的。我还会在背面写上具体答案和解题思路。

最重要的是，错题本不能“做了就完事”，而要反复地回顾、复习。“回顾”不是“考勤”式地翻开看看，而是实实在在地找张白纸重新写一遍，看看自己是否还会“重蹈覆辙”。有时，你会发现犯过的错误还会再犯。其实，同样的错误会重复，甚至多次重复是正常现象，不必过于沮丧。只要发现了问题，找到了解决问题的方法，我们就离成功又进了一步。

重庆大学黄松：如何学好高中数学

一直以来，高中数学都是大多数人学习的难点，但高中数学真的那么可怕吗？其实并不是。对于高中数学，只要你能领会其要点，并且能够掌握正确的方法，那么学起来就会很容易。

在高中时，我的数学成绩一直很稳定，最后高考也考到了 145 分。因为数学的稳定发挥，我最终以 624 分考入重庆大学，并成功就读于机械工程学院。接下来，我就给大家分享我的数学学习经验。

对于高中数学的学习，我想重点说两点：一点是怎么学好；另一点是怎么考好。学得好不一定能考好，但是要想考得好，一定要学好。学好高中数学需要注意四点，即预习、听课、练习和反思，每一点都很重要。同时，培养思维能力、做题习惯、综合能力也是必不可少的。

第一，预习。在高中阶段，大多数人因为课业繁重、时间不够、认识不足等原因往往容易忽视预习，其实，这是非常错误的。预习可以带来很多好处，它的意义在于提前熟悉知识点，发现问题。通常情况下，预习时要结合课本和教辅资料，了解课程将要讲的知识，总结自己遇到的问题，列成提纲，在上课时着重听一下，课后还要在老师的帮助下解决问题。同时，在预习以后，可以做几个简单的题目，了解题型，了解自己对知识的掌握程度，做到心里有数。

第二，听课。听课最容易做到，但是要做好可没那么容易。老师在讲新课时，都会非常详细，并且会结合具体的例子进行，定义和练习题会一起讲解。这是学习的黄金时期，在这个过程中，一定要准备一个小笔记本，记录老师讲解的干货，以及一些知识点的易错点，同时，最好对例题进行记录，写在笔记本上，并且写好解答思路、过程、易错点，对重要部分做标注，对例题进行归纳总结。因为，通常情况下，老师讲解的题目都是经典中的经典，学会了以后，就可以融会贯通。这时，把自己不会的地方重点标记出来，课后请教老师，最好详细地记录下来，不会的地方对自己来说，就是最重要的。一定要记住，老师讲解的内容一定是对我们有用的。老师有多年的教学经验，他可以给我们带来很多指导。

第三，练习。练习应该说是最重要的一步了。在学习以后，练习有检验自己对知识的掌握程度、提升做题能力、巩固知识等重要作用。做题是有技巧的，我建议，可按照基础题、提升题、难题6∶3∶1的比例来做。基础题通常被认为是简单题、送分题，这些题目一般难度不大，做起来比较轻松，耗时也不多，但不可忽视的是，平时很多同学会忽视对这些题目的练习，认为基础题都会，没有练习的必要。其实，这是一个非常错误的想法，毕竟高考考核的还是对基础知识的掌握程度。提升题着重于对基础知识的升华，提升题的练习有助于我们对基础知识的掌握，同时也有助于我们数学综合能力的提升。这部分练习是高考能不能上 130 分的关键。通常难题的练习就比较吃力了。我在高三时，很多时间都在刷难题，其实，这部分花太多时间会比较浪费，毕竟，在考场上，不一定会有时间去啃这块“骨头”，不过难题可以提升数学思维能力和做题能力。

第四，反思。反思是对听课和练习的一个巩固。我在高三时，在反思方面做得明显不够，所以高考之前的模拟考试不是特别出色。反思一共有三个部分。一是上完课、做完作业后做总结，总结题型，总结解题方法，明白什么题用什么方法来做。二是反思错题，通常情况下，做题的思维模式比较固定，就是第二次做题和第一次做题的思路不谋而合，这也说明，如果自己有错题，再一次遇到后很有可能会按照第一次做题的思路去解答，也就很容易犯同样的错误。综上所述，建议准备一个错题本，抄写自己的错题，尽量做得详细。我在高中时，在做错题方面比较重视，高中一直坚持摘录错题，把错误的思路和解题步骤都写在本子上，用红笔批注错误的思路和自己的收获，最后再写正确的解答过程。经过这样一个过程，会让自己犯过的错误印象深刻，很大程度上可以保证题不二错。三是温故而知新，对知识的记忆肯定会随着时间的流逝而减弱，所以，定期的复习就很有必要。需要复习知识点的基本概念、经典题型、错题记录，还有就是自己平时的反思总结。温故时要加强对知识的掌握，当足够熟悉知识时，就可以记牢固了。

上面讲的只是高中数学的学习框架。接下来，我给大家详细介绍一下怎么在平时的训练中不断提升能力。“千里之行，始于足下。”“不积跬步，无以至千里。”数学是一门比较抽象、比较考验综合能力的学科，所以，要有正确的思维、较强的综合能力、良好的做题习惯。接下来，我讲讲培养数学思维和做题习惯、提高综合能力的方法。

数学思维比较抽象，主要就是做题的灵感，我们可以在平时的学习中通过以下两点来培养。第一点是勤于思考。对于所有的题目，我们不仅要知其然，还要知其所以然，不管是例题还是习题，不仅要看到答案，还要思考为什么这么做，这样做的原理是什么，这类题目是否都可以这样做。在长期的学习过程中，保持思考，就更容易拥有更好的数学思维。第二点是创新。一般来说，题目的解法往往不止一种，在平时做练习时，要多思考，想想是否还有其他方法，或者在哪个步骤可以有更简单的解法，长此以往，思维能力就会明显提高，做题能力也会有所提升。

数学思维需要长时间培养，做题习惯也同样需要长时间培养。做题习惯看似不起眼，但是在考试时可能会发挥很大的作用，甚至会带来几十分的提升。高考一分就可以压很多人，所以我们要把握住每一分。我在高一、高二时，因为做题习惯不好，数学经常考 100 分以下，而注重做题习惯以后，就能很稳定地拿到 130 多分了。在做题时，首先要读懂题意，在此不再赘述；其次是整理信息，可以在草稿纸上工整地写下已知条件和要求的问题，以方便自己思考。当有了思路以后，可以在草稿纸上演算一遍，能算出答案再下笔（在草稿纸上书写不要太乱，越工整越不容易出错）。在下笔时，就可以对自己的思路进行反思和检查了。在这个过程中，需要计算的地方一定要认真计算，尽量避免因为计算错误而丢分。在书写过程中，一定要非常清晰地呈现你的答案。关键步骤写详细，得分点就不会浪费，题目可以做不出来，但是分不能丢。平时做题时，提高计算正确率是非常重要的，千万不要有只重视方法、不求结果正确这种错误思想。

关于综合能力，我认为它就是做题能力、得分能力。在高考时，做题需要快而准，毕竟高考时间有限，总分一定，在短时间内、高强度下得高分就是成功，这也要求我们培养出很强的思维能力、做题能力、计算能力以及考试能力。培养综合能力，还要给自己增加强度，但我不提倡题海战术，因为总是重复练习一模一样的题，对自己的能力提升并没有太多用处，顶多可以更加熟悉知识点。我认为，做题一定要高效、高压，也就是说，在做题时，给自己设定时间，在规定时间内做出来，并且完整书写，把结果算对。做题时，一定要专注于做的题目，锻炼自己的能力。同时，在模拟考试时，一定要寻找做题的状态，每一次考试，都要用最好的状态拿最高的分。

在高三时，我在笔记本的封面上写了两个要点：归纳总结、反思领悟。这两个要点在前边的文章中已经有了体现，希望各位同学在高考之前能够考虑一下我给出的一些建议，吸收那些对你有用的方法。相信在长时间的练习、反思领悟中，你的数学成绩一定会有很大的进步，在高考中一定能取得不错的成绩。

清华大学王浩威：总结归纳，善用错题本

众所周知，在高中阶段，数学是一个非常重要的科目，也是容易与别人产生差距的科目。那么，如何才能学好高中数学呢？在这里，清华大学经济与金融专业的王浩威为大家推荐学好数学的方法——做好总结归纳和用好自己的错题本。王浩威，2017年参加河南省的全国卷I卷考试，高考694分，其中语文128分、数学140分、英语145分、理综281分。

首先是做好总结归纳。我认为，在高中数学学习中，最关键的是解题思路与解题方法。高考所考查的往往是对解题思路和解题方法的灵活运用，甚至可以说，只要灵活掌握每一类题型的解题思路和解题方法，高考数学一定会取得不错的成绩。而这里所说的总结归纳是总结和归纳这些解题思路和解题方法。

具体的做法是，每遇到一种题型，首先探索解决这类问题的最优解法——也就是能够在最短的时间内准确地得出答案的方法。同一类题，甚至是同一道题，从不同的几个角度出发往往都可以得出正确的结果，也就是殊途同归。然而，这些方法之间往往有优劣之分：有的方法可能思路简单，容易想到，但是计算过程复杂；有的方法可能计算简便、不易出错，但是很难想到思路。

幸运的是，很多题型往往都存在一种不仅容易入手而且计算较为简便的方法，这便是我们所说的最优解法。不同的同学对知识的理解和掌握有所差别，对不同的方法的理解程度也有所不同，因此最适合的解题方法也有所不同。所以，为了找到最适合自己，也就是能让自己又快又准确地得出结论的方法，建议自己动手把每一种方法都试一遍，通过自己亲自解题找出自己心目中的最优解法，然后把这种解法记下来。

这样，以后每次遇到这类问题时，就可以直接采用最优解法去解题。经过不断的练习，便可以在考场上又快又准确地把这类题解出来，拿到相应的分数。进一步讲，如果对于高中阶段要求掌握的每一类题型都能找出最优解法并熟练运用，那么数学成绩自然便会提高了。相反，如果不做好总结归纳，那么在面对众多问题，尤其是难度较大的题目时，就很有可能一头雾水，不知道该从何处下手。例如，很多同学在做数学最后两道大题，尤其是最后一道题时往往找不到正确的思路。要解决这个问题，我的方法是，每做一道题，都思考它的解题思路，借鉴答案和老师的方法找出最优解法。然后把解法相似的题找出来对比，总结出适用于这一类题型的思路和方法。这样坚持做下去，你慢慢就会发现解决大部分问题的思路和方法就那几种。

其实，不仅仅是数学，其他学科中的很多问题也是如此。总结归纳得多了，解题的效率和准确率自然就会提升。

其次是善用错题本。下面谈一谈如何利用错题本进行总结归纳。很多同学都会在数学学习中使用错题本，然而可能效果并不理想。我认为，错题本的使用要注意三个方面：一是记什么；二是怎么记；三是要注意回顾。

首先是记什么。错题本，顾名思义，要记错题，记的目的是让自己以后在同类问题上不再出错。

通常情况下，我们会反复出错的题目可以分为两类。第一类是自己没有思路的题，或者通俗地说，就是不会做的题。记这类题的目的是探索这类题的最优解法，从而让自己在以后遇到这类题时会做。第二类是自己会做，却因为粗心大意而出错的题目，如计算出错、漏了条件、看错题目要求等。记这类题的目的是让自己对这些非智力因素导致的错误印象深刻，从而在以后的做题过程中减少此类错误。

其次是怎么记。关键是怎么记才能让自己不再错。我认为，对于第一类题目，也就是自己不会做的题目，应该记最优解法的详细思路和步骤，也可以加上与其他解法的对比。对于第二类题目，则应该关注自己错误的原因。建议把自己出错的具体原因写下来，如计算出错是哪一步出错，漏掉的条件是哪个条件，看错的是题中的哪一部分要求。原因越细致，自己的印象越深刻，以后再次出错的可能性才会越小。

最后是要注意回顾。错题本上记的是错过的题，而对于错过的题，要想保证自己以后不再出错，仅仅在错题本上写一遍是不够的。只有反复看，反复回顾，才能保证以后不再错。回顾错题本时，一定不要在看过题之后立刻看答案，而是要在不看答案和解析的情况下，自己把这道题再做一遍，看自己是否能够做对。记错题本的目的是不再出错。只有自己在不看解析和答案时能把题做对，才算达到了目标。

我认为，只要做到了以上三个方面，错题本一定会成为提分的好工具、好帮手。希望大家能够在数学学习中学会总结归纳，合理运用错题本，提高数学成绩。

清华大学于思瑶：数学如何拿满分

数学对于很多初中、高中学生而言都是一座难以翻越的“大山”，很多人都曾在学习的路上差点被数学压垮。数学在高中阶段难度加大、思维含量提高、节奏更快。数学在高考中占据着重要的位置。“得数学者得高考”，此言不虚，考上清华大学、北京大学的学生的高考数学成绩很少有不足140分的。反之，高考数学成绩140多分的学生，他们在大学期间的数学成绩一般也不会差。如果你想在高考中取得很好的成绩，高考数学的分数不能低于130分。因此，数学不好，“双一流”大学基本没戏。

于思瑶，2018年从辽宁省考入清华大学历史学系，高考试卷是全国卷Ⅱ卷，2018年获得清华大学自主招生考核降40分录取，高考各科成绩分别是语文125分、数学150分、英语140分、文综223分。她曾获得“第十届全国中学生语文能力竞赛”三等奖、“2016年全国中学生英语能力竞赛”三等奖、“第二届中华之星国学大赛”一等奖、“文心雕龙杯”作文大赛二等奖。

下面是她的经验分享。

数学这座大山虽然高大，但绝非不可征服，关键在于运用合适的学习方法，培养良好的学习习惯。我并非理科天才，却也能凭借理科的优势敲开清华大学的大门，相信你也一定能做到。在通往高考的途中，我们会有许多数学考试，经过多轮“轰炸”，大部分同学已经对数学放弃了，这是典型的“逃跑主义”。其实，高考数学并没有大家想象得那么难，只要认真准备，完全可以取得很好的成绩。

首先，在上课时，我们一定要认真听讲，专心记笔记。课后必须及时回顾这些笔记，巩固、总结、寻找知识间的联系。

其次，要重视基本知识、基本技能和基本方法的学习与训练，不能眼高手低。任何计算题都要亲自动手演算，在循序渐进中慢慢提升自己的能力。

最后，高中数学思维方法和解题方法与初中阶段大不相同。高中数学在思维方式和抽象化思维能力方面有了更高的要求，而这也恰恰是高考数学对学生能力的要求。这种能力要求的提高使很多高一新生感到不适应，导致成绩下降。这是高一学生产生数学学习障碍的一个原因。这就要求学生自主学习，根据自己对知识点掌握的情况，学习数学思维方法。

除了在平时的学习上下功夫，还要非常注重考场发挥。我身边的很多同学都致力于尽可能快地写完试卷，然后留出充分的时间检查第二遍、第三遍、第四遍……有一段时间我也采取这样的应试策略，但渐渐发觉这种策略既疲劳又低效。于是，我改变了考场策略——在第一次做题时尽可能细心，争取一次做对。

此外，做数学大题一定要细、准。所谓细就是要有步骤，按部就班，不要寻求特殊解法，按照自己平常训练的方法解题；所谓准就是要计算准确，力求每计算一步都结果正确。直观讲，在高考的阅卷过程中，如果大题的最终计算答案是正确的，那么过程并没有那么重要；相反，如果最终答案不正确、不完整，那么过程就显得很重要。在解题的过程中，不建议大家采取非正常的办法。例如，有的同学可能提前学过大学数学，对于大题中出现的导数和函数极值问题，想采用泰勒公式的方法去解答，这个方法是不提倡的。

对于大题，我们时常觉得会做，但是总得不到分数，这往往也成为拿不到高分的关键原因。在将课后习题做三遍以上，手头的“5 年高考 • 3 年模拟”中的基础题做一遍以后，这时你的数学成绩大概率会保持在 110 分左右，接下来就是调整状态，找准思路，奔向 130 分。

建议你大量地刷压轴题，每天晚上 3 ～ 5 道。我当时在做圆锥曲线题时，经常丢分，因此，我每天在晚自习时，专门抽时间认真地做历年圆锥曲线真题。刷了大概一个月的时间，就彻底解决了此问题。当你解决了一个专门的大题后，你的分数就会提升 10 分左右。刷了大量的题后，你的分数基本能达到 130 分以上。

总的来说，数学这门学科，功夫主要在平时，但考场上的发挥也至关重要。“台上一分钟，台下十年功。”十年的功夫自然辛苦，但若没有把握好那一分钟，这十年的功夫也算是白费了。幸好，数学不像表演，需要天赋的加成。像我这样一个曾经被数学打落深渊的人，都能够凭着努力和汗水，在合适的学习方法的指导下，让数学成为我的优势学科，并将这份优势延续到了大学的学习中，我相信你也一定能在和数学的这场战争中成为绝对的优胜者。

电子科技大学王承哲：数学题型分析

任何学科的学习和考试都需要做分析，学霸就爱做分析。下面看电子科技大学王承哲（2019 年考入电子科技大学计算机专业）是如何对高考数学题型做分析的。

首先讲一下对数学分数的划分。“150=80+46+24”中，80 分为选择题、填空题，46 分为三道基本题和一道选做题，24 分为两道压轴题。

对于那些瞄准“双一流”大学的同学来说，数学只有不低于 120 分，才能不影响总成绩，而如果数学是你的优势学科，那数学应向着 140 分甚至满分逼近。成绩不是特别好的同学，也应该以更高的目标约束自己。接下来是对各题型的分析。

选择题是送分题，所以要尽量保证正确率。我习惯把它们分为三个部分：1 ～ 5 题往往是比较简单的，所以不能出错；5 ～ 10 题有点难度，不过大部分同学通过大量练习，一般可以保证全对或最多错一道题，应提高正确率；11、12 题对于不同的卷子来说难度可能不一样，有些比较简单，有些会比最后一道压轴题都难，但要学会用一些特殊的方法尝试，如特值代入、适当推理（猜出题人的意图）等。填空题有前三道题和最后一道题的区别，这和选择题基本类似。

关于选择题和填空题的训练，我认为应在每周选择固定的时间进行，一般要保证在一定时间内。我原来的老师规定在 40 分钟内，我认为如果对数学成绩的要求不是 140 分以上，可以将时间放宽到 45 ～ 50 分钟。在做选择题时，一定要注意，如果看三遍都看不懂，就一定要战略性地跳过，不要沉溺其中，因为这很浪费时间。多找一些简单的方法。平时可把相同的题型放在一起总结，看看不同的方法中哪种会节省计算量，多积累不同的方法。这是做选择题和填空题时应考虑的。

对于三道基本题，我认为都是有固定方法的，应该做大量的练习，分题型专项突破，而这些也是一轮、二轮复习的重点。其中，三角形与数列应特别注意，它们都有固定的题型和与其对应的解决方法，要保证熟练掌握；空间几何的方法比较单一，需要细心，注意计算问题，难点可能是建系的选择，要多练习；对于概率，我暂且先把它当作基本题，如果是基本题的话，就是比较常见的几种题型，想要出难题必定是题目长（需要语文功底）、计算复杂（这里应先想想计算方法，一般不会出现难到算不了的题，如果出现了，那便是有别的方法需要积累）；还有解析几何，这是大家头痛的一类题，但两年都放到了第 19 题的位置，也就是说，大家要尽可能做对，关于这道题我们下面再说。

对于选做题，我是两道题的内容都选了，所以可以在关键时刻应急（如 2019 年高考，感谢我们老师，虽然这道题没有全做对）。如果大家和我一样那最好，如果只选了一道题，也不用灰心，这道选做题一般不会太难，大家多练习即可。

最后的压轴题，如果大家感觉能力不足，至少做第一问。对于有能力的同学，我要提醒几句：如果选择了做这两道题，就必须先保证其他题的正确率，因为这两道题需要耗费大量的时间，甚至可能投入了时间也做不对，是有风险的，所以我建议先突破一道题，剩下的一道题尽量写，以多得分为目的，因为这两道题多得一分就是优势。对于题型，可能就是概率、解析几何或导数题，具体的做题方法我就不说了，你们的老师肯定讲得比我好。

其实，大家也看得出来，我并没有讲太多学习的方法，而是就考试本身讲了不少，这是我高三参加无数次考试得出来的经验。经过了一、二轮复习，大家对知识点的掌握应该基本差不多，而我认为大家之间的差距在于知识点的综合使用以及应试技巧和方法。对于知识点，老师应该都有自己的教学方法（此时大家一定要跟着老师走），而我主要讲的是考试的一些基本注意事项以及我认为重要的几点。在我看来，高三表面上是对知识的再学习，其实也有对心理状态的调整。

第三章

如何学好英语

北京交通大学张涵琪：有针对性地学习英语

无论你想学文，还是想学理，都有英语这门科目，无数学生前赴后继地栽在这门学科上：单词记不住，语法不会用，听力听不懂，作文写不了。

我是张涵琪，高考考入北京交通大学，下面我来谈谈英语学习方法。先来说说我自己。英语是我比较擅长的科目之一，但是由于从小没有打下良好的英语基础和上高中以后对英语的重视程度不够，高一、高二时，我的英语成绩一直平平，怎么也上不去，到了高三，有了紧迫感之后，我开始深入地剖析自己在英语学习中存在的问题。经过有针对性的努力，我的英语学习还是很有成效的，基本可以做到一套卷子没有磕磕绊绊。下面我来分享自己学习英语的经验。

第一，长期积累。英语其实是一门偏文科类的科目，需要不断地背单词、背课文、背语法，总之，就是要不断地、重复地背诵，这是必做的基本功。只有背会了，在考试时才能够想起来并且经过筛选后写在试卷上。

第二，听力。坚持精听和泛听相结合。精听是指有材料的听力训练。可采取先听后看的方法，即在阅读听力材料之前先听 2 ～ 3 遍，再翻开材料边听边读，对已知和未知的内容有了一定了解，然后再合上书，边听边理解，直到全部材料都能听懂并跟上它的速度。泛听是指抽空随意地听，可以是无材料可循的内容，主要是为了让耳朵适应语速，提高自己对于语料的接受能力。

第三，阅读理解。阅读理解题分为A、B、C、D四篇，首先要了解这四篇阅读理解文章各自的特点和特色。A、B篇属于简单文章，文章和题目都简单易懂，A篇一般会选择广告、招聘等，B篇一般为叙事性的小故事，而C篇和D篇的难度则相对较大。在这里我先给大家吃一颗定心丸，不要再说自己词汇量不够，文章看不懂，在高考阅读题里，只要你的英语能够达到平均水平，就不会存在因为生词而导致无法理解文章意思的情况，遇到生词时看前后语境也能猜出个大概。所以，这也是阅读理解题经常会考文中某画线单词意思的目的——考验大家对语境的理解和猜词的能力，这种题目一般用不到利用词本身的构成（词根、词缀等）来猜词的方法，结合上下文即可。而且C、D篇多为科学报告等难以理解、远离我们日常生活的内容，这也就拿走了我们利用常识解题的机会，所以必须一题一依据，在文中画出得出答案的语句。

下面跟大家分享几个小技巧（因为我们不可能一字一句认认真真地读完文章，这样既浪费时间，又容易走神）：一是注意转折性词语，如but、however、while等，这些词语后面往往是重要线索；二是注意连接词and，and后面必有用；三是注意标点符号，如破折号，对于一个破折号单独出现的情况，破折号后面的内容基本没用，可以省略不读，而两个破折号在一个句子中接连出现，一定是关键信息。

对于阅读理解，很多人都有是先看题目再看文章，还是先看文章再看题目的疑惑，我的看法是先看题目，并且要在题目中画出关键信息，如人名、地名和问法，带着问题有目的地去阅读文章，的确可以提高效率。

第四，完形填空。要想高考英语分数超过 140 分，完形填空错误必须控制在三个以内，下面就来介绍几种常用的方法。

一是跳读首、尾句进行预测。高考完形填空题的首、尾句通常是不设问的。先跳读这两句，便可判断体裁，猜想它要讲什么。若首句交代了 when（时间）、where（地点）、who（人物）、what（事件），即四个 W，那么就是记叙文，很可能就是一个故事；若首句提出或解释说明某事物，一般来说，是说明文；若首句提出一个论点，那么就是议论文。

首句一般会揭示文章的中心思想，也就是主题，细读首句可启示全文，而尾句又往往是对文章主题的总结。它们是了解文章大意的窗口，对我们理解全文有启示作用。

二是利用语法分析解题。完形填空题虽然以语境填空为主，但也有部分考查语法项目的题目。对于这类题，考生可以利用平时所学的词汇知识，分析单词（词组）的使用范围、动词的及物和不及物，并利用句子结构、句式特点等知识全面衡量所有选项，排除干扰。

三是利用固定搭配解题。完形填空题中对词汇知识的考查，主要体现在习惯用法和同义词、近义词的辨析两方面。习惯用法是英语中某种固定的结构形态，即所谓的“习语”，不能随意改动。所以，考生平时应掌握好习惯用法。对词义辨析题的考查有加大力度的趋势。要做好这类题，需要有较大的词汇量和较强的词语搭配能力、词语辨析能力。

四是利用固定句型解题。完形填空题也会考到一些固定句型，考生掌握好这些句型，对确定题目的答案很有帮助。

五是利用复现信息解题。语篇复现的信息包括原词复现、同义词和反义词复现、上义词和下义词复现、概括词复现、代词复现等。语篇中有词和结构同现的现象，如与语篇话题相关、意义相关的词同时出现，结构同现，同义同现，修饰同现，因果同现，等等。因此，可以利用上下文寻找解题信息，确定正确答案。

六是利用跳读法解题。完形填空题要填的20个空中总有一些是相对简单的。对于这类空，考生可以先将其确定下来，之后再逐个突破其他空。跳过那些不太容易得出答案的题。做题时切忌循规蹈矩地、一个顺着一个地去完成。

七是巧用排除法解题。在有些情况下，考生如果不能很有把握地直接得出某一道题的答案，可以把排除法和词汇、语法分析结合起来运用，缩小选择的范围，提高正确率。

八是利用逻辑关系解题。尝试从逻辑关系的高度整体上把握，就会发现逻辑关系才是征服完形填空题的最佳途径。逻辑关系隐藏在句子中、句与句之间以及段落与段落的衔接中。通过寻找逻辑关系，我们可以辨析确切、具体的线索，把答案的逻辑意义推测出来，从而在答案中寻找表现了相同逻辑意义的选项。这样做，可以使题目的难度大大降低。

第五，改错题。对于改错题我有一个非常简单的方法，就是疯狂刷题，买一本全是改错题的练习册猛刷。只有见过足够多的错误类型，才能够在考场上做出正确的判断。需要特别注意的是，针对改错题，一定要总结历年高考真题的错误类型，我当时总结了近五年全国各地高考卷改错题的错误类型，我发现错误类型非常固定，而且重复率很高，有些错误类型几乎年年必出，这可以很好地帮助我们了解高考。

第六，作文。英语写作也是高考考查的重点项目，考查的是考生英语的综合应用能力。高中英语作文体裁多为应用文和记叙文，如各种信件、便条、通知、日记、看图叙事或写一段经历。

大家要养成每周写一两篇英语作文的习惯，写完后检查、修改，修改时重点关注句子间的逻辑性，用词的准确性、得体性以及丰富度。自己改完后，再请老师帮你看看，根据老师的建议自己再总结提高。在写作的过程中，遇到不会的词语就用字典查，并记笔记。坚持写下去，写作水平一定会不断地提升。

天津大学杜语哲：背单词的个人经验

词汇可以说是语言学习最基础的部分。我们背单词往往需要面对三个问题：基础太差，不知如何开始；久久见不到成效；想要养成好习惯却坚持不下去。

接下来，由 2019 年考入天津大学化工学院新工科领军班的杜语哲给大家一一讲解这三个问题的解决办法。

不知道你的词汇量能达到多少，针对基础不是特别好的同学，我建议你抽出一整个上午或者下午的时间把初中的单词过一遍。之所以这么说，有以下几个原因。首先，经过了一轮中考，你应该已经把初中的单词过了一遍，因此很多简单的单词可以一眼就过，这会给你很大的信心和动力，也就是正反馈。其次，在高中英语课堂上，老师讲解的单词有很大一部分会依靠词根、词缀，如我讲 abnormal，如果你连 normal 的本意都不知道，或者还需要查字典的话，再给你讲 ab- 的含义也是徒劳的。最后，讲单词的过程很快，一两个听得云里雾里，就会影响接下来听讲的效果，以致课下要花费很长的时间去复习。

那么，稍微有一些基础的同学应该如何扩大词汇量呢？在这里我把它分为以下两种情况。

第一种情况是，如果你的老师已经把高中课本上所有的单词都讲过一遍，我建议你采用速成法。接下来和大家分享一下我背单词的诀窍。首先你需要准备两本单词书。一本是小一些的，大概可以揣进口袋里随时阅读的那种。你当然也可以把它替换为尺寸稍微大一些的单词书，字体稍微大一些，看着也更舒服。我把这种书籍称为基础书，选择标准是至少要有高中的 3500 个核心词，词义精简，单词拼写正确并附有音标。这种单词书不必多么精美，简简单单即可，可以多买上几本。

另一种单词书可以称为进阶书。进阶书有如下特点：首先，最好是正序版的，用它来查词，就像使用字典一样，甚至更方便快捷；其次，单词系统一定要全。什么叫单词系统呢？就是一个词的各种衍生词集，如近义词、反义词、易混淆词。对单词的常考短语一定要总结全面，但这种全面不是指那种又臭又长的总结——把一些没有使用机会的短语放在里面。

它最好能标出高考常考的单词，并附有质量很高的真题例句。再完美一些，这种单词书可以每过一个小章节就设置一些配套练习题。当然，市面上的各种单词书肯定对上述几个方面各有侧重，都会有自己的品牌特色，不可能面面俱到。所以作为学生，你需要做的就是多对比几套书籍，找到能够补充你短板的那一本。

如果你是那种背一背停一停，背了 10 天半个月还卡在“A”字头前进不下去的学生，那么你就要着重利用基础书，每天拿出你最清醒的半个小时，专心致志地看单词。在这里要注意，不是背单词，是像阅读小说、散文那样阅读单词。这么做的目的非常简单，那就是推进你的进程，帮助你建立信心，和所有单词混一个眼熟。高中的单词其实并不多，你半个多月就能把 3500 个单词都过一遍。这一遍的要点是快，不要给一个单词太长的时间，看完它的拼写音标和核心意思后，就可以看下一个。如果你真的把这一步做完，你就对背单词不惧怕了，而且通过这一遍，大概 20% 的单词能被你记住。你还可能发现原来没有注意过的很有趣的小单词。接下来要做的就是再来一遍。大概两三回之后，你就会发现自己的词汇量有了显著的增长，而且在英语学习这件事情上，学习态度变得积极，劲头也足了。

讲到这里，基础书还没有发挥出它全部的作用。我建议大家利用零碎时间背单词，因为这件事情不费精力。即便我现在上了大学，没有当初那么大的学习压力，我还是会看见身边很多英语非常优秀的同学会利用零散的时间，像高中那样捧着一个小本本背一些东西。

接下来，我们开始说进阶书。当你做英文阅读时发现一个作者用得特别地道的单词，或者做短文改错时，发现了一个非常重要的考点词，请你不要懒，一定要拿出你的进阶书，查一查这个单词的搭配例句考点，拿出笔记本认认真真地记录并定期回顾。进阶书可帮助你深入了解一个词，并掌握它和相关词的搭配关系。背单词要求数量多，背得精，使用时可以地道地用在正确的地方。等到了最后的备考阶段，如果你的同学问你一个单词的意思，你不仅能够准确地说出汉译，还能顺带说出它的必考短语，还有易错点的话，那么你的备考就可以说非常成功了。你在进阶书上背会一个单词，就做好标记，理想状态是背一个单词就把它写一遍，回顾两次，最后记准，不要翻来覆去总需要查。

第二种情况是，你现在是高一、高二的学生，还在用课本背单词。我当初是早自习有20分钟专门贡献给单词。我会浏览一遍所有单词的含义，然后从中挑出5个很感兴趣的单词。给大家举一个例子，我记得当初有一个单元讲的是自然灾害。我把那个单元的单词扫了一遍之后，挑出了四个单词，其中有水泥、水管、爆裂、地震。用一句话写出来，就是水泥水管在地震中爆裂了。然后把这4个单词从单词表中划掉，把自己的例句写在便利贴上。背这么一组单词大概需要两分钟。然后你就可以开始进行下一组。一定要发挥想象力，在你想象、思考的过程中，在你动脑筋为它们排序构建场景的过程中，你已经在记忆了。然后写下来，注意拼写要正确。这个方法不会给你太多的负担，还是有一定趣味性的。

最后是准备一张小卡片，上面只记两个单词。上学时背两个单词，回家时背两个单词。这样每天的起始量就是 4 个。积少成多，离 3500 个词汇量的目标肯定会越来越近。

如果你在高中英语学习全程都认认真真地跟着老师的进度走，那么你可以直接过渡到背进阶书的阶段。因为高考和平时的模考都会出现一些超纲词，如果你想把它们彻底攻克，那买一本四级词汇书就完全够用了，甚至可以把它当作字典用。

以上是我亲测有效的个性化背单词套路。接下来我想跟大家谈一谈怎么坚持。我见过很多背单词只靠着一腔热血，而对语言学习本身没有任何兴趣的小孩。其实学英语真的是有百利而无一害的事情。如果你高中英语学得好，高考考得好，那么你的英语四级考试真的可以只备考一个月就能得到 500 多分，而不需要为自己额外报一些辅导班。

不是所有人都有良好的英语功底，能够坚持不懈，没有老师在身边时时敦促，很多人就会三天打鱼两天晒网，英语学习毫无进展，越学仿佛越学不会，一来二去就对自己产生了深深的焦虑。不要总是在听写单词时应付老师、应付家长。高中英语其实只要你学了就能学会。如果你现在就养成了未来别人可能花大价钱都无法获得的好习惯，有扎实的基础，那么你已经比别人往前走了一大步。

背单词就像长跑一样，告诉自己千万别停。

有一句话说得好："昨日种种，皆成今我，切莫思量，更莫哀，从今往后，怎么收获，怎么栽。”背单词非常重要，基础不好，更要背单词，只有背会单词才能读懂文章；基础好了，更要背单词。吃透考点规律，烂熟于心，继续扩大词汇量，只有这样才能走在别人前面。在学有余力的情况下，你甚至可以背考研的词汇。好好学习的人永远不会吃亏。

清华大学杨琦：学习语法的方法

凡是英语考试，都无一例外地会考语法，即使是口语考试，只要语法错了，就会扣分。

英语的听说读写都离不开语法。例如，在做阅读题时，要读懂每个句子，弄明白句子之间的逻辑关系。越难的文章，单词的词性、意思、句子结构和句子之间的关系越复杂。单词的词性和意思息息相关，一个单词可能有好几种词性，不同的词性下面又有很多种意思。词性搞不清楚，有时甚至会导致句子的意思也搞不清楚。例如，flower 一般用作名词，很多时候用作动词。当遇到长难句时，如果不知道如何分析句子，连主句在哪里都不知道，那么想知道整句的意思就难上加难。特别是学 non-fiction 时，解释概念的句子往往很长。

可见，语法的学习是英文学习的重要一环，和语音、语义一样，是基础的基础，需要加以重视。

我是来自宁夏的杨琦，高考考的是全国卷Ⅱ卷，高考总分 656 分，其中英语 143 分，裸分全省第八名。

我希望通过讲解语法知识点的方式来分享如何学习英语。为什么要这么做呢？大家可能会说："你直接用最精练的语言在最短的时间内把成功的方法传授给我们不就行了吗？搞这么麻烦有意义吗？"这恰恰是下面我要说的第一点：一切方法只有经过实践才能掌握。就像那个灵魂拷问一样："听了这么多大道理，可是我还是过不好我的人生。道理我都懂，可是没有用啊。"

所以，一定要学方法，但千万不要变成空谈方法，那样反而会毁了你。如果你听了一大堆，左耳朵进、右耳朵出，听完后就躺平，期待神奇的方法有一天在你身上发挥效力，那是不可能的事情。哪怕听了一百种方法，都是白听，都不是你的，有这个时间还不如做两道题。但是，如果你真的去尝试用这个方法了，那么哪怕你只听了一种方法，这种方法也会真正变成你自己的。

这里以背单词为例，我要讲一个背单词的方法：你快速地、大量地背完单词后，要当天复习，1 天后、3 天后、一周后、半个月后、一个月后各复习一次，那么这个单词你就记得牢了。看似很复杂，但是每次复习不用花太多时间，这对于单词量积累极少的同学来说，是一个很高效的记忆方法，可以在短时间内大幅提高词汇量。你听完后，觉得"不错，就是很麻烦，下次再尝试吧"，那完了，也许你很快就把这种方法忘掉了，高中三年也没有尝试着这么做过，那么，你听了这半天，就纯粹是浪费时间。

此外，方法有很多种，但是一种方法到底好不好，只有自己亲身试过才知道。例如，我相信有一个方法很多同学一定听过了无数遍，那就是——整理错题本。但是你真的尝试过了吗？真的觉得它适合你吗？我就尝试过，而且尝试了很多次，但是我觉得这个方法不适合我。因为我作业都写不完，哪有时间把这么多错题一道道摘抄下来，再更正，再总结呢？这很耗费时间和精力。所以我采取了一个变通的办法，就是我只把做错了的题的题号和来源分类整理下来，然后在旁边标注题目的类型和主要的错误原因。这样等复习时，就可以根据题号找到原题，或者根据侧重点有针对性地复习。换句话说，你不需要写一本书出来，你只需要整理一个目录、一个索引出来。这个方法节省了我大量的时间，也起到了错题本应有的作用。

所以，如果你不亲自尝试，甚至有意识地创造属于你自己的学习方法，听再多，其实都没有用。这就是第二点，方法必须用，不用不可能掌握，不但要用，而且要谨慎地做取舍。有得必有失，方法很多，要选择最适合你的那种，不要盲目。因此，在这里，我也希望同学们回到平时学习的环境中，回到实践的环境中谈方法，而不是脱离了实践空谈理论。

我之前给高中生当过家教，在给一个高一的学生讲定语从句时，发现他总是生硬地套用规则，其实他根本不理解句子真正的语法结构。我教给他：当先行词指人时用 who、whom，他就会记：空前面是人名时用 who 和 whom。但是现实情况不一定完全是这样的，也许前面那个词是人，但是这个定语从句修饰的是整个句子。这种情况就要用 which。所以首先要分析：在这个复合句中，哪部分是从句，哪部分是主句，然后判断这个主句缺不缺成分。主句如果缺成分，那从句就变成四类名词性从句，而不是定语从句了。

然后这个学生就问：“怎么判断句子成分呢？”我问他：“你知道句子的最基本结构吗？”他摇摇头说不知道。所以，他对定语从句不理解，不仅仅因为定语从句的内容没学好，更因为整个语法基础都不扎实。这是我要说的第三点，在学习的过程中要懂得“自查”。要经常想，自己的问题出在了什么地方，这道题不会做，也许是因为其背后的另一个知识点没有掌握。只有一个完整的知识体系搭建起来了，在后期的学习中才会如鱼得水。如果总是马马虎虎，凑合着学，那到后期各种知识点结合起来考查时，就会步履维艰。要经常自查，找到问题就要及时补漏洞。很有趣的一点是，很多知识本来就不是你第一次学就能真正掌握的，哪怕你下了再大的功夫，因为你没有知识储备，你根本不知道它在讲什么。但是在学习的过程中，遇到问题了，再回过头去看，往往会有新的发现，才能理解它真正在讲什么。所以不要怕麻烦，多自查、多复习，遇到不会的知识点就翻一翻书，这样学习效果最好。

简单句有五种句型：主语 + 谓语动词，主语 + 谓语动词 + 宾语，主语 + 系动词 + 表语，主语 + 谓语动词 + 间接宾语 + 直接宾语，主语 + 谓语动词 + 宾语 + 补语。相信前三种大家都比较清楚，后两种稍有些复杂，但是其实也都学过。举个例子，“I give sb. sth.”就是一个典型的“主语 + 谓语动词 + 间接宾语 + 直接宾语”的句子，“sb.”是间接宾语，“sth.”是直接宾语。怎么去理解间接宾语和直接宾语？你“给”的终究是个东西，你不可能“给”个人，但是给个东西意思又不能表达完整，所以还要说我把这个东西“给”谁。所以“东西”是直接宾语，而“人”是间接宾语，这样你就可以理解，为什么这个句子还可以变成“I give sth. to sb.”了，因为“sth.”是谓语动词的真正落脚点，所以介词加在不那么重要的间接宾语前了。

学语法，一定不要死记硬背，一定要理解。基本的语法，总会有它这么用的原因，有其合理性，去追问这个原因，其实是在进入语言的思维方式中。很多时候，语法的错用其实反映了对英语思维方式的不理解。哪怕有些东西就是习惯用法，没有道理可讲，也可以努力去创造一套理论以帮助理解它，这是加深记忆、减轻记忆负担的很好的方法。这是我要说的第四点——理解式的学习。同理，我们再看主谓复合宾语，也就是“主语 + 谓语动词 + 宾语 + 补语”。复合宾语和双宾语的情况很相似，都是用了宾语，发现意思没有表达完整，所以要再补充一部分内容。例如，“I made John our chairman.”意为“我选举 John 成为我们的主席”，若是没有“our chairman”补充说明，就会意为“我选举 / 使 John”，意思就表达不清楚。怎么区分复合宾语和双宾语呢？很简单，在两部分中间加一个系动词就好。例如，“I made John our chairman.”是“主语 + 谓语动词 + 宾语 + 补语”，在宾语和补语之间加个系动词就变成“John is our chairman.”，这是句子想表达的内涵之一；而对于“主语 + 谓语动词 + 间接宾语 + 直接宾语”，例如，“I made John a cake.”在直接宾语和间接宾语间加个系动词就变成“John is a cake.”，这种说法是有问题的。

这是一个辨析的小技巧，但是你可能还会感到疑惑。这两种句型看似相似，其实是有着本质区别的。在复合宾语中，宾语补足语所修饰的本来就是宾语，所谓的表语，其实就是修饰主语的内容，因此加个系动词，句子理所当然是成立的。而在双宾语中，两个宾语都是承接谓语动词的，“做”了个蛋糕，而且是“做给”John 的，它们相互之间不是谁修饰谁的关系，所以不能在中间加系动词。这就是理解式的学习。

但是你会觉得，基本句型都有五种，就算理解了，记起来也还是太麻烦。其实没有五种，只有两种，这就要介绍另一种学习方法了——寻找概念之间的关联，这是我要说的第五点。所谓寻找概念之间的关联，和思维导图的原理相同。还是以五种基本句型为例，双宾语和复合宾语的应用原因是类似的，都是句意不能充分表达，可以看作一组。此外，两者都可以整体看作宾语部分，这样，在一个更高的层面上，它们和主谓宾结构其实是类似的，又可以归为一类。而主谓宾结构和主谓结构可以理解为及物动词与不及物动词两类实义动词的应用，同样也可以归为一类。因此，你只需要记忆两大类句型结构：主系表与主谓（宾）。主谓（宾）结构包含主谓结构与主谓宾结构两种情况，主谓宾结构包含简单宾语和复杂宾语两种情况，复杂宾语包含双宾语和复合宾语两种情况。说起来很啰唆，但想明白了就很简单。这样归纳总结，能够极大地减轻记忆负担，也有助于厘清概念之间的联系。

有了简单句的基础，接下来就可以学习复杂句了。其实所谓复杂句，无非是把简单句中的某个成分从一个单词换成一个句子，用以表达更丰富的含义。四类名词性从句就是典型。接下来介绍从句的学习方法。名词性从句就是用一个句子充当原来主句中的主语、宾语、表语或同位语。因为它在本质上相当于名词，所以称为名词性从句。例如，“The book is interesting.”它的主语“The book”本身就是一个名词，替换成一个主语从句“What I am reading is interesting.”，那么“is”前面的“What I am reading”就充当主语，它指的还是“我正在读的这本书”，所以本质上相当于名词。同理，定语从句本质上相当于一个形容词，因为它是用来修饰一个名词的，只不过用一个形容词已经不足以完整地表达所要修饰的含义了，所以用一个句子来代替。从原理上理解了从句的作用，学起来才会得心应手。

回到名词性从句。名词性从句有四种，感觉很复杂，应该怎么学习？一定要归纳，归纳之后其实很简单。其实就是将陈述句、一般疑问句和特殊疑问句这三种句型作为从句充当主句中的主语、表语、宾语、同位语等成分。例如，对于陈述句，“The Earth is round.”放到主语从句中就变成了“That the Earth is round is a fact.”；对于一般疑问句，“Does he need my help? ”变成宾语从句就是“I don’t know if he needs my help.”；对于特殊疑问句也是类似的，三种类型的句子对应不同的连接词，在替换时要注意。所有的名词性从句都不会超出这三种类型，无非是放在不同的位置，用不同的连接词而已。从这个角度理解，就会觉得名词性从句很简单、很有规律。

你要对所学的知识有一个宏观的框架，只有这样才能系统性掌握它们。就好像你有很多书，但是杂乱无章地堆在一起，当你想用其中某本时根本找不到。所以你应当买一个书架，标注好不同类型的书放的位置，然后将它们一本本地整理进去，这样要用时才能找得到。这时这些书里的知识点才能真正为你所用，你的知识结构才是成体系的。否则，在考场上遇到了题目只能生硬地套用规则，运气好套对了，运气不好就套错了，即便套对了也没有从根本上理解这道题为什么这么做。这是我要说的第六点——学习要经常归纳总结。归纳总结的方法和画思维导图差不多，这就是很多人都推崇思维导图的原因。你不必盲从，完全可以用别的方法去归纳，只要理解了这些方法的根本目的就行。归纳总结可以帮你建立起一套系统的知识结构。

在平时做阅读题的过程中，读文章时可以有意识地对句子做语法分析。例如，看到某个复杂句，就把它的从句部分用括号括起来，再用横线画出它的先行词、连接词，然后分析这个从句做了什么成分、修饰了什么内容等。这样，相当于别人做了一篇阅读，而你做了一篇阅读加无数道语法分析小题，长期这样积累下来，你的语法会比别人扎实许多。这其实是一个高效利用时间的方法。不要觉得麻烦，养成习惯就好了。差距主要是因为学习习惯不同，一点一滴积累起来的。这里讲的方法比较多。你可以一个一个尝试，每次只做一件事，比如用一周时间学会一种方法，再去尝试下一种方法，慢慢地，你的学习能力就提高了。

觉得自己语法基础不够扎实的同学，可以从三部分入手：从句的学习；时态、语态的学习；动词不定式、动名词等动词变形的学习。我推荐给大家新东方张满胜老师的《英语语法新思维》，有初级、中级、高级三本，系统地整理了语法知识。但是，对于高中生来说，时间非常有限，所以平时的学习一定要抓紧，要紧跟课堂的节奏。在学有余力的情况下，要懂得充分利用各种资源，如知乎、B站，需要学习哪方面的知识，在上面搜一搜全都有。一定要培养自学的能力，无论是现在，还是上大学以后，较强的自学能力都会让你受益无穷。

英语是一个积累性的学科，要多练多读，因为熟能生巧。如单词，如果没有一定的词汇量，语法学得再好也没用。但是词汇量怎么来？全靠背，没有其他的办法。有付出才有回报，就是这个道理。此外，很多时候英语语法其实凭借的是语感，语感怎么来的？就是多阅读。不一定分析每句话，有时通过语感自然而然就可以理解句意。有些人建议通过长时间地沉浸在英语的学习环境中来培养语感，如走路听英语，吃饭听英语，睡觉也听英语，看英剧、美剧等。我个人不建议高考生采取这种方法，相对而言，集中注意力，在课堂上或者看语法书学习知识点，然后多做题、多练是最高效、最节省时间的办法，也许很枯燥，但是见效快。等你到了大学，有留学的考虑，时间又相对宽裕时，也许可以考虑通过沉浸在英语环境中培养语感的方法来学习语法。但现在的时间很宝贵，要有取舍，做性价比最高的选择。高考是一场艰苦的战役，既要讲战术，也要讲战略，更要有百折不挠的精神，努力奋斗。希望大家都能学有所成，考上理想的大学。

清华大学杨珂涵：高考英语经验分享

英语是一门应该每分必争且要力求拿到满分的学科，它的难度不大，但是“陷阱”较多。相较于其他学科而言，英语比较容易提分。

我是杨珂涵，2019年高考全国卷Ⅱ卷的考生，考入清华大学新雅书院。在高考中英语取得了146分的成绩。下面我想和大家分享有关英语科目的一些学习心得。

先讲一下我对英语学习的理解。英语学习可以分为两部分：学英语和学考英语。

首先说学英语。英语是什么？是单词、语法，还是课本？这些都是英语，但英语又不仅这些。英语是一门语言。这就意味着它具有其他所有语言都具有的特点：用于交流，承载着不同国家的文化。所以，学英语其实是学一门语言，要学习如何用它与人交流，学习它背后的文化，学习说英语的人思考问题的方式。

在我看来，英语学习的关键在于学会如何使用。对于高考来讲，英语难度不大，也不是能拉开很大差距的科目。所以我还是希望大家都能享受学英语和用英语的过程，感受英语这门语言的魅力。英语是一门令人愉悦的学科，我们应该接纳它、爱上它，只有这样才能学好它。

其次说学考英语。我将其分为宏观上的学习方法和微观上的应试技巧两个方面。

第一，我想从宏观上讲一些整体性的学习经验。我以高中三年的英语学习经验为基础，给大家提如下几点建议。

（1）英语学习常态化。准备一个可以随身携带的小笔记本，用来记单词、短语、语法，每天在食堂排队时或在其他零碎时间拿出来记，记住了就迅速浏览。一定要坚持，养成好习惯。

再准备一个 B5 活页本，用来分类整理各类型作文的模板、好的表达、各题型的做题技巧。整理要系统化、体系化，在有了新的内容时要及时补充上去。

还要再准备一本单词书，在上课遇到生词时可以迅速查阅。有些单词书还标了词频、义频，可以挑选其中的高频词汇记在小笔记本上。

最后，练习高考题和模拟题。我本来以为对英语科目来说，多做题没什么作用，但是经过我的实践，我发现每天坚持做题确实会进步。尤其是做高考题时，我们可以仔细琢磨出题人的意图和选项的内涵，这样做将会有很多收获。

（2）系统化的强化记忆。首先，系统化。将老师总结的和自己总结的各种口诀分类整理。或将语法知识点分模块归纳，并标记其重要性和常用性。我在上课时，小笔记本一直放在手边，随时整理、归纳相同模块的知识点。这样不仅便于后期记忆，而且在知识被遗忘时查询起来也方便。

无论是讲授新课，还是讲评试卷，遇到重要的知识点，老师都会重点强调，并将与之相关的知识全部串联起来，这就是系统化的归纳。老师通过不断重复重点知识帮助我们强化记忆，以便我们再遇到这些知识点时，可以迅速回忆起来。

（3）有关查漏补缺。对于英语基础不是特别好的同学来说，每一次作业都是查漏补缺的机会。这就要求我们正视自己的错误，对自己负责。高二、高三课业繁重，越到后期，各科的作业量越大，既然做就要做得有效，做得尽善尽美。

老师一般不会拖延，每次布置的作业，无论是练习册、周报，还是卷子，都会及时讲评，而且非常全面、详细。有的同学会问：讲评时听什么？我认为重点要关注自己的错题，老师重点强调了哪些内容，尤其是做题方法。

就我而言，我会准备一个很小的错题本，在老师讲评时，将自己错了好几次的题分类整理在上面。不仅要整理题，还要整理单词的用法、词形变化、语法等。每一次犯错，都要避免下一次再犯错，所以绝不能逃避。我们应在错题本上记录自己的每一个错误，通过这些错误不断提升。

第二，我想从微观上针对每种题型讲一些具体的应试技巧。

（1）听力：做好平时的练习。考前一定要平静。开考时不要着急看后面的题目，先仔细读听力的题目和选项，猜测听力内容。一段听力内容涉及多个题目，有的题目可以根据其他题目的题干选出答案。平时每一次的听力练习都要认真，尽量听懂每字每句，千万不要只追求做对。

自己可以从老师那里复制听力音频反复听，不想听听力的同学，可以听点有趣的内容，如 BBC，其语速适中，是可以听懂的。

（2）阅读：抓住关键信息。做阅读题时，我们可以先看题目，再带着题目阅读文章，在文章中画出关键信息，如这个选项为什么对、为什么错、错在哪里、文章的主旨句等。也可以用“笔尖读题法”，防止漏掉关键信息。

（3）完形：要联系上下文。在做完形时，很多选项的单词会难倒很多同学，这时背单词的作用就凸显出来了。而想要做好完形，除了需要掌握大量单词，还要熟记固定搭配、语法。对于大多数同学来说，完形是扣分重灾区。而对于单词、语法基础不好的同学来说，学会联系上下文对做好完形至关重要。以我为例，我在做完形时会先通读一遍，弄清故事主题。通读后不需要明白每个单词的意思，通过联系上下文也可选出答案。

还有一个方法是盲填，不看选项，自己先填一遍，再在选项里找合适的。但这个方法有风险，有时会偏离文章主题，甚至根据惯性思维填上一个错的词，而这个词正好被设置为干扰项。哪种方法适合自己，大家要摸索、衡量。

（4）七选五：联系上下文。选不出来的先空着，把能选出来的选了。最后将剩余选项依次代入设空处，联系上下文，选择合适的选项即可。

（5）语法填空：语法知识 + 上下文。语法填空不能单凭语感，要掌握语法，尤其是单词的时态、语态变化。在做题时，要联系上下文，在原文中找到时态、语态等变化的依据。

（6）改错：常错点有套路。对于改错，要逐句分析，先把确定有问题的地方改了，再根据剩余的个数找自己认为有问题的。可以自己总结有哪些错误类型和改法，如冠词、介词、过去分词等。但不是拿到题就去对应那些错误类型，最好是一气呵成改到底，如果没找全相应数量的错误，需要判断还有哪些错误类型没涉及。做改错题时，我们要注意细节：画词要从左上角画到右下角，画长一点、明显一点，尽量规范；画横线用尺子比着画，卷面会更美观。

（7）作文：注意逻辑性和书写。首先，要审题，明确作文类型、题目要求。要确保写出来的文章符合题目要求且无遗漏，否则写得再多、再好也没有用。其次，回想这类作文的结构，确保结构没有大问题。如果是书信，就要注意格式；如果是演讲稿，就要注意多用短句。最后，下笔写。书写好看、卷面整洁，会给阅卷老师一个不错的印象，就容易获得高分。所以，英语一定要练字。

英语作文一般都是三大段。第一段和第三段较短。第二段作为重点段，要做到条理清晰、有严密的分层、句式丰富。在第二段中，可以使用一些相对高级的词。当然，也要做到文段自然连贯，在自然连贯的基础上用一些高级表达会很加分。平时如果有时间，可以练习写作；如果没有那么多时间，就读好的范文，或者借阅同学写的好文章。

第四章

如何学好文综

清华大学喻含颖：文综各科学习经验分享

很多人觉得，学文科的人脑子要灵活、记忆力要好，只要把课本上老师画的知识点都背熟，考试时问题就不大。事实真是如此吗？文科真的靠死记硬背就能取得高分吗？文科真的这么容易学吗？答案当然是否定的。现在的文科学习，特别是高中的文科学习，简单的死记硬背行不通。

文科考试，更多的是考查学生的整体思维能力和对知识点的理解延伸能力。文科的考题主观性很强，有很大的自由发挥的空间。虽然说死记硬背不会让你的文科成绩惨不忍睹，但是要想考高分，就需要改变文科学习的思路。

我是喻含颖，2019年湖北省高考文科第二名，考入清华大学。我当年获得清华大学“领军计划”加分10分，使用的是全国卷Ⅰ卷，总分672。下面我为大家分享一些在文综方面从实战中总结出来的经验、方法，帮助大家把精力用在“刀刃”上，远离盲学、盲考。

我首先说一下地理。地理是我文综里最不擅长的学科，但最后却变成了最增分的学科。我觉得地理是最不限于课堂的学科，我们要学的是生活中的地理，要收获的是地理思维。大家只要细心体会，就会发现生活中的许多方面都与地理有关。例如，走路看到一个井盖，我可能会用学到的地理知识思考：为什么它是圆的而不是方的；和同学一起爬山，我会想到地理中“蜿蜒修路”的原则，也会想到爬山时S形路线最省力。

大家也可以发现，现在的地理考题越来越“反套路”“反猜题”。同学们不妨思考一下怎样才能反猜题。很明显，就是从生活中命题。地理学科强调“必备知识、关键能力、学科素养、核心价值”，近年的高考卷难度在降低，但是更加贴近生活、紧跟时事。同学们可以以我的这些感受为参考，思考该如何对待这一学科。

对于地理大题，我建议同学们准备一个大题本，分门别类地记录、总结。我们可以在做题前总结这道题的考点，在做题后记录用到的地理术语，并思考这些术语是否可以应用到其他相似题目。仅整理还不够，还要时常复习，让它成为视自身情况量身定做的地理积累本。

其次说一下历史。我坚定地认为，考历史还是在考语文。我们做历史选择题时经常会遇到一些题目问“这体现了什么”“这表明了什么”。应对这类题目，首先应读懂题意，最好能用自己的语言复述出来；其次在脑海中快速检索书本中的对应知识点；最后要研究选项，那些看起来浮于表面的选项，通常不是答案，但那些看起来十分高深而与题意无关的选项，也必然不在考虑之列。

大家刷历史选择题，难免会遇到一些看似“不可理喻”的题目，这是很正常的现象，毕竟是文科，命题老师的思路不同、偏好不同，命题角度与难度难免有别，同学们大可不必为此伤心、懊恼。当然，做历史题同样有技巧，如我就总结出了“主语判断法”“时空判断法”“唯物史观法”等，同学们自己也可以多思考、多总结。

最后说一下政治。政治是我非常喜欢的学科，因为它离生活很近，学到的东西又可直接用于指导生活。政治与其他学科不同，它的选择题选项中的语句大都直接或间接地来自课本，所以它要求学生对课本非常熟悉，最好能将相关的语句或知识点牢记于心。

政治选择题有很多技巧，我的老师总结过“三排法”，即排异（排除与题意无关的）、排重（排除与设问重复的）、排谬（排除说法本身错误的）。我觉得在掌握必备知识的前提下，灵活应用这些技巧，对大家而言绝大多数选择题都很简单。

政治大题强调知识完整、思维清楚、条理清晰，绝不是堆砌知识点就能得分的。所以，我建议同学们仔细揣摩答案的思路并不断学习、改进，同时要注意积累时政语言，并且能将之自然、妥帖地用于自己的答案中。

我是一名复读生，可能比大家更明白心态的重要性。我还记得2018年得知高考成绩的那一晚，我很难相信长居“清北希望之星”的我居然会与清华大学、北京大学无缘，一时之间，失望、懊恼、悔恨等负面情绪席卷而来。要不要复读这个问题也一直萦绕在我心中。如果复读，我就要再经历一次魔鬼高三，并且结果未知；如果不复读，我实在不甘心，凭我的能力绝不至于只考到这个水平。

我也明白，如果不能通过高考去到理想的城市、理想的院校，可能我和同学们的差距会越来越大。经过痛苦的思考，老师、家长的劝说，我终于选择了复读。

复读这一年我努力调整心态，尽量减少对分数与排名的关注。我考过年级第一，也考过年级60多名。考不好当然会对心态产生不好的影响，我采取的方法就是一个人到操场上散步，边走边想：不久之后我就可以和我的同学们重逢，就可以读喜欢的书了。每次这样安慰自己后，疲惫与苦恼便一扫而空。心态很重要，我希望大家都能相信自己。大家要相信“一切都是最好的安排”，即使复读，也要相信这可能是命运之神在引导你通过一年的磨砺成为更好的自己、得到更好的归宿。

清华大学鲁良佑：文科复习拔高的干货分享

很多人都纳闷儿：为什么同一个老师教，有的学生成绩好，有的学生成绩差呢？真的是智商问题吗？其实不然。成绩好的学生一般有共同的特点，那就是他们擅长研究考试、擅长归纳总结。

鲁良佑，在 2019 年高考中使用的是全国卷 III 卷，取得了 666 分、全省文科前十名的好成绩，顺利进入清华大学。回顾高考历程，他觉得自己有很多经验值得分享。

我的各科高考成绩分别为语文 127 分、数学 145 分、英语 144 分、文综 250 分。在全省范围内，我的每一科成绩都不是最拔尖的，但综合来看，我没有明显短板，这或许是我能够取得较好总成绩的原因。所以，我首先强调，一定要保证各科成绩均衡，然后尽可能用优势学科创造自己的竞争力。

高考文综分数占比很大，是最“玄而又玄”的科目。在文综方面，得基础分易，得高分难。我个人深知顶尖考生拔高文综的艰难，同学们不妨参考一下我的文综拔高方法。

一、选择题应试技巧

很多文综老师都反复强调，在考试中，要注意速度、仔细审题。因此，我不再赘述，我将从其他方面展开叙述。

一是控制错题量。对于冲击清华大学、北京大学、复旦大学、中国人民大学的同学而言，高考时文综选择题错题量一般要控制在两个以内，4个是底线。事实上，我历次文综考试选择题几乎没有全对过，在高考中也错了3个。在三科选择题中，政治选择题相对容易，要争取满分。

二是多开拓知识面。文综选择题，尤其是地理选择题很喜欢引入新知识、新思维方式，同学们可以在笔记本上将这些新的内容记录下来，并多加回顾。

三是保持批判态度。即便是文科尖子生，平时文综考试错10个选择题也不是不可能，这其中很大一部分原因是题目问题：要么考得太偏，要么强词夺理。所以，一定要谨慎对待这些错误，不能因此丧失信心，更不能被那些错题、不合理的题误导。我个人认为，练习文综选择题，首选全国卷高考真题，其次可选武汉、广州、成都等大城市的模拟题。

二、各科主观题整理技巧

接下来我用归纳整理的方法分学科讲。

针对地理，最好准备一个很厚的笔记本整理主观题。笔记本可以记录两部分内容：一部分是按照地理大题的常见主题划分的专栏，如种植业专栏、野生动物专栏、能源专栏，记录每一个专栏下面考到的题目，尤其要注意那些百考不厌或者答案固定的题目。不一定照抄答案，可以将答案归纳成“模板”，这会比所谓的“东北三省黑吉辽”口诀更有针对性，而且同一类题的要点很可能会随着做题量的增多而不断扩展。

笔记本的另一部分则记录那些不方便划分到专栏的“散装”题目。日积月累，你在应对相关类型题目时就不必花大量时间去搜集要点了。但是，模板可能会使我们思维固化，限制了我们的思考能力，不利于我们分析一些疑难题目，所以培养应对陌生题型的理解探究能力也较为重要。

政治的整理则偏向于优质题目的抄录、点评，即把一些好题的题干与参考答案抄写下来，勾画参考答案中的关键得分点，并点评题目、写下启示。这样做的目的是要重塑自己高三之前被老师灌输的答题模板。同语文一样，在政治方面，很多老师与教辅机构传授的模板根本不适用于全国卷，尤其是哲学、文化部分。如做了高考题之后，你会发现，不是每一道哲学题目的答案都是先写原理再写分析，相反，有的哲学题目的答案需要先分析再写原理。

以全国卷为标杆，风格与其相近的主观题值得收录，对一些地方卷风格，高一、高二练习题风格的老套题目则不必太在意。平时作答也应多模仿全国卷的答案结构，但肯定不能像参考答案那样精简。但要注意的是，切不可因为某些低质量题目的不合理答案而怀疑自己的判断力。

历史也同样需要整理，但由于高考大题更强调新材料的解读能力而非具体知识，因而归纳整理的方式与地理、政治有所不同。针对 15 分的选修题，我们可以归纳题型及其答题模板；针对 12 分的论述题，我们可以归纳考过的题型，以及不管题型怎么变化都不会改变的答题原则。

而针对 25 分的综合大题，我们则要琢磨高考真题答案，从指示动词、答向语、思维角度等方面总结注意事项与答题规范。指示动词，即题干中的“分析”“说明”等词；答向语，即“×× 背景”“原因”等词。仔细分析不同指示动词与答向语造成的答案的差别，你或许会有很大收获。思维角度方面也可以从答案中得到启发，如运用某些特殊的口诀是否还可灵活变通，除该口诀外是否还有其他的分点方式，等等。

总而言之，文综大题要想获得提升需要付出很大的努力，我们若想冲刺清华大学、北京大学，就不得不下这番功夫。但是对于所有同学来说，多做高质量的文综试卷（包含大题）是十分必要的。我曾经有过连续几周每周课下做两套文综题的经历，从中也收获颇丰。

最后再说一点，我的文综大题复习策略集中于如何贴近全国卷答案，因为我所在的四川省文综阅卷十分死板，很少有参考答案之外的拓展。如果同学们自己省份的文综阅卷相对宽松或者更倾向于老套模板，也不必为此下大功夫。

三、通用学习技巧

这一部分不再局限于某一学科，因为我觉得一些有普适性的学习经验值得一提。

第一，归纳与整理。不管是拓展知识的记录，还是好题的收纳，抑或是题型的总结，都是十分重要的。每一科都要准备几个笔记本用于归纳整理，而归纳整理的精髓在于自己的思考，如仔细研究全国卷参考答案的风格、全国卷的答题思路，这是市面上任何教辅书都不会告诉你的东西。因此，除非时间紧迫，否则最好在高三阶段亲自整理，不要直接使用考生“现成”的笔记。即便自己无法分析出答案的微妙之处，抄写一遍也有利于记忆。

第二，以全国卷为标杆，从“老式”观念中解放出来。基础较差的同学或许不能体会这一点，但基础较好的同学一定得有这种意识。一方面，全国卷几乎是反套路的，所以一定不能让自己陷入经验陷阱——只会做模式题，不会做创新题。例如，平时数学考试的概率大题几乎总考古典概型，但全国卷不是这样的；再如，文学类文本的作用类题目模板大家记得很熟，但现在高考几乎不直接考这类题。

另一方面，全国卷考查的侧重点与地方卷不同。例如，数学四川卷惯以难度与计算量打压考生，而数学全国卷则明显温和，重视基础知识；再如，政治地方卷的哲学大题通常会划定大范围，考生将其中的原理依次分析就可得高分，而全国卷的哲学大题却更喜欢以一个原理贯穿材料始终。这也是我一直强调用全国卷矫正思维的原因。遗憾的是，许多年纪较大的老师可能还被地方卷的思路束缚，且市面上偏离全国卷风格的题目也不少，这些因素都可能打击那些效仿全国卷的同学，也对这些同学的判断力提出了很高要求。

第三，刷题。对我而言，刷题可以巩固知识、拓展见识。通过刷题，我可以丰富笔记内容，同时也可以在做题过程中应用自己思索出来的答题思路，形成良好的答题习惯。在我看来，刷题与归纳整理是统一的。而且，对文科的同学而言，刷题时一定要保持良好的心态。尤其是文综，做题正确率的变化可能很大，这个变化可能是因为题目本身存在问题，也可能是因为我们没有掌握相关的知识。若是因为我们对知识掌握不牢固，那我们就要及时查漏补缺，不能放任不管。

在临近高考时，我逐渐减少了刷题量，既是为了避免正确率波动影响心态，也是为了避免拓展不完的知识与题型带来的焦虑。文科刷题尤其要注意试卷质量以及与全国卷的相似性，多做教育强市的全市统考题，慎做不明来源的杂牌试卷。至于全国卷高考真题，则做多少遍都不为过。

电子科技大学白潇：文综做题技巧及各科知识点记忆方法

我是 2018 年考入电子科技大学行政管理专业的文科生白潇。我没有天生聪慧的大脑，我的成长史也很普通。

我先讲我自己的做题顺序。我一般先做选择题，做完一组涂一组题卡。我在做选择题时，会看所有的选项，然后采用“排误选正”的方法做题。例如，无论是哪个学科的选择题，一般太绝对、不符合常识、不符合逻辑的说法都是错的，可以排除掉。

我会选择先做历史大题，再做政治大题，最后做地理大题。但无论做哪科，都必须遵循先易后难的原则，不是先做哪个学科就必须把它全部做完。做题时我会先把自己会的知识写上去，没想到的、不确定的，最后集中攻克。

我之前不是这样做的，通过参考中国人民大学学霸的做法，及自己实践后的良好体验，才坚持这样做。历史大题需要思考，而且写得多；政治大题套路相对多，写得也多；地理需要思考，但是写得少。把政治和历史这两门写字多的学科放前面是为了把字写好，不吃亏。地理字写得少，哪怕最后时间紧急字写得不好，也不会有太大影响。

文综具有共通性：大题都需要自己对着答案分析。材料中的几个字、一句话或一小段话一般都会对应一个答案，在分析时，我们需要将其一一对应。掌握这种做题技巧需要一定的时间，强大的分析能力和做题能力不是一两天就可以拥有的。

此外，答题要用专业术语，可以对照参考答案一点点改进答题用语。

讲完了文综三个学科的共通性，下面分别针对每个学科进行经验分享。

政治有四本课本，我们可用四张 A4 纸把四本书的知识框架列出来，从大标题到小标题，再到需要背的段落的关键字词，这样我们的知识体系就形成了。在此基础上通过反复记忆熟练掌握，做大题时就会事半功倍。

时事政治的考点很明晰，针对这类大题，我们可以整合答案，把共通的部分摘抄出来，将不同的地方也整理出来，这样我们下次遇到同类型题目时，就会轻车熟路。我们也可以看《Vista 看天下》这本杂志，这对了解时政热点很有帮助。

学习历史需要整理相应时间点对应的事件，但不需要按编年史整理。

古代史只需大概了解，近现代史则需准确记忆。我建议你们用 A4 纸整理，以便随身携带、随时记忆。

对于地理学科来说，专业术语是基础。想必你们的老师也给你们总结了很多，只有掌握那些基本的专业术语，才能提高答题能力。而课本之外的拓展知识就需要自己多做题、多积累，也可以看《国家地理》《航拍中国》之类的节目拓宽视野。

我们身边总有学习好但是没有很努力和很努力但是学习不好的人。学习好但是没有很努力的人效率高，能抓住每科学习的重点；很努力但是学习不好的人只能自我感动。须知，仅靠时间是堆砌不出好成绩的，我们必须行之有道，朝着既定的目标和方向努力。

政治、历史、地理每科都有自己的学科特点，这要求我们具备相应的思维方式。同学们可以在长期的训练中去领悟。这只可意会，不可言传。

高考确实有一定的运气成分在，但是任何好运气都建立在你认真、踏实地学习的基础上。总而言之，越努力，越幸运，只有有效学习，才可以取得好成绩。

最后，我想提醒大家，千万不要做“语言的巨人，行动的矮子”。只有真正付出努力，真正做出改变，才能取得进步、收获成功。

西藏大学秦海涛：如何在高考历史主观题上更胜一筹

历史是文综的一个学科，在历史学习中，牢固掌握基础知识很重要。而高三的历史学习和高一、高二的历史学习有很多不同，高三的历史学习是一个对知识高度概括、重视整合，并反复巩固的过程。高三学习的前提是具备很扎实的基础知识，除此之外，平时也要尽可能多地读一些课外历史书籍，培养自己的古文能力和语感。凡是在高一、高二期间已经形成自己的一套历史观的同学，他们在高三的历史学习中就不会很费劲。

秦海涛是一名河南文科考生，高考总成绩587分。之后，她顺利就读“双一流”高校西藏大学的历史师范专业。

我的大创项目论文《论高中历史学科价值观的传授体系和方法的构建》被收录到《中学政史地》（核心期刊）杂志中。在此，我也想和各位同学更加具体、更加详细地谈一谈，在高中历史学习中以及高考时，如何正确认识历史学科的能力要求，如何有效地学习历史并高效作答。

首先，我从理论上介绍一下历史学科以及高考对于考生的具体要求。我将其概括为历史叙述、历史解释、时空价值、史观意识。

接下来，我会对这四个词分别进行解释，并且与“解决历史主观题”这一主题相结合，进一步阐述在历史主观题中如何认识和理解“历史学科价值”在高考题中的呈现。

一、历史叙述

首先要明确，命题者给出的材料肯定是经过千筛万选、条理化整合的，这是毋庸置疑的。

其次，要明确高考是为了有效地考查学生的“真才实学”。我们能做的便是从命题者所给出的材料中有效提炼一些关键词、关键句，并结合课内知识点进行作答。这就要求我们针对材料的叙述给出一个符合史实、符合设问要求的答案——这便是高考背景下“历史叙述”的本质意义。

最后，要明确历史叙述中包含的“主干知识”。何为主干知识？简单来说，就是我们高中学习的、老师重点讲解的事件或人物。如中国近代史中，按时间顺序，主干知识包括洋务运动、戊戌变法、清末新政、辛亥革命、新文化运动、五四运动等。这些不仅是历史上值得研究的大事件，也是高考卷命题人惯用的背景素材。所以我们必须掌握这些事件的背景、原因、内容、意义、主要脉络、发展特点等，并积累与这些事件有关的一些词汇或专业术语，如与五四运动相关的词汇、专业术语有：人民群众的力量、中华民族、爱国主义等。只要将这些相关词汇、专业术语和材料中的内容稍加整合，便可得出答案。

综上所述，历史叙述要求我们在“刷题”时，注意对照参考答案与其在材料中所体现的关键词、关键句，理解它们之间的关联，进而从历史叙述（材料）中得到作答关键点。

二、历史解释

站在高考命题人的角度思考，他不是想考查我们死记硬背的能力。因此对于文科生来说，知识点的记忆固然重要，但可以明确的是，“背多分”的时代已经一去不返了。

所谓历史解释就是让考生在自己所学知识的基础上，结合材料做出进一步的分析和说明。简单来说，就是在具体的语境和答题要求下，将你脑中的相关知识点，清晰地、有逻辑地呈现出来。而在此方面，最重要的一点就是叙述要有条理。

三、时空价值

这是我们在做高考大题时最不易想到的一点。所谓时空价值，就是将材料中所叙述的一个或多个历史事件置于历史的大环境下，即不能孤立地看待一个事件，而要将同一时空维度下有时间或地点关联的历史事件联系起来，如新文化运动和五四运动的关联性和交互性。

这就要求我们在做历史大题时要思考：题中所给的历史事件和相关时段中，是否还出现了其他事件或人物，以及与其所对应的知识点。如果能这样分析，答案就会更深入。

四、史观意识

90% 的考生都没有史观意识。而史观意识非常重要，在高考大题中属于杀手锏级别的技巧。在此我会做详尽的论述。

所谓史观，在高考大纲中的要求是：在正确理解马克思主义唯物史观的基础上，了解并认同其他多元史观在历史研究中的影响和价值。

第一，马克思的唯物史观可以参考政治必修四《生活与哲学》中所论述的一些哲学观点，如经济基础决定上层建筑、物质决定意识、把握事物发展的主要矛盾等。在历史学科中，我总结出了在近几年高考中比较常用的、常考的史观方面的内容：社会发展、物质发展的程度决定不同阶层的人们的不同意识。

第二，要以发展的眼光看待历史事件，即不能用片面的、孤立的观点评价历史人物和历史事件。这一点在选择题和古今中外人物评析中用得较多。

第三，了解并掌握一个历史事件及一个历史单元。如了解一个重要历史事件的前因后果，一个国家的发展史、发展的主要矛盾和主要发展趋势。

至此，四种“历史学科价值”就简要地介绍完了。当然，更加深入地理解和更加得心应手地运用这些“历史学科价值”并在做题中体现出相应的技巧，是建立在对历史基础知识牢固掌握的基础上的。因此在课后，我们要重视对历史知识点的背诵和理解。

总而言之，希望大家能在记忆与练习相结合的基础上，不断摸索出适合自己的学习方法和做题技巧，以在高考历史学科乃至文综方面取得理想成绩。

第五章

如何学好理综

北京大学杨睿：理科要深究

尼采说："有着一千条无人走过的路，一千种健康和一千座隐蔽的生命之岛。人和人的大地始终未经深究，未被发现。"对每一个人，都有一颗不同的心和一条不同的道路引领他走向不同的终点；对每一个考生，也应有一种不同的学习方法帮助他达到自己的目标。虽然大家被放到同一把尺子——高考下接受测量，但是每个人都应创造出一种科学的学习方法，以更好地应对高考。

我是杨睿，在2017年高考中取得694分的成绩，位居北京市理科第九名。此前，我因获物理竞赛CPhO银牌，得以和北京大学降一本不定专业签约，在高考后成功进入北京大学物理学院。

我是竞赛生，当我回归备战高考的队伍时，和其他人的差距显著，因此我希望找到一种快速追上他们的学法，此学法要适合我的个性、效率更高、见效更快。最终，我为自己创造了"深究"的学法，它包含两方面意思："深"表示真正有效的研究是深入根底、对根本原因的探究；"究"表明学习是一种理性的研究行为。

下面我给大家分享我在理科学习方面的经验，希望大家可以从中吸收有用成分，将其转化为自己的学习方法。

一、扬长避短

无论是在学习还是生活中，我都信仰高效，喜欢直达本质和关键点。

由此可知我的其他特点：我只做自认为重要的事情；我不喜欢任何形式的重复性工作。在答题时，我的解题步骤极为精简，这导致了我的马虎。

在生活中，我就是个非常马虎的人，时不时丢东西、忘记要做的事情或者别人的嘱托等。所以，显而易见地，我做题时也常“丢三落四”，总是因马虎导致差错。

综上所述，我的第一要务是发扬优势、弥补劣势。一方面要继续高效学习，另一方面要努力克服粗心、马虎等不良习惯。同时我还要解决自身存在的一个矛盾——为什么我自认为已经学会了，还是考不到理想的分数？我要清楚老师为什么让我们反复回顾这些早已烂熟于心的知识，这对我们究竟有什么帮助？

二、创造自己的专属学习方法

在理科方面，由于马虎经常出错，我便去请教我的物理竞赛老师。他告诉我，人不是做题机器，我们在做题时身体内部随时面临着各种随机因素的干扰，犯下各类错误是很正常的现象，如看错、想错、算错、抄错等。而重复训练，类似于运动员产生身体惯性的原理，可以帮助我们减少错误的发生。

新知识的学习主要针对的是大脑，旧知识的重复则针对身体、潜意识等方面，旨在增加你运用知识的整体熟练度，最后甚至可以达到一个纯靠手感的境界。确实，有些学霸做题时好像不用思考似的，看完题目就下意识地做，能够很快得出答案。我们只有使身体达到充分熟练的境界，才能够又快又好地完成题目。

我的竞赛老师教给我的这些道理使我能更好地分析题目的错误原因，从而对症下药。如对于理科题目，我把错因分为审题、列式、计算、结果四大类，针对每一类错误，使用一种技巧。对我而言，以下四种技巧能够有效地帮助我避免大多数错误：圈审——审题，圈关键字、词；视思——思维可视化，遇到一道题时把解题思路用图画或文字形式适当展示出来；视推——推导可视化，公式推导和数据计算过程不省略；修果——重新审题，按题目要求修改结果。

总而言之，由于我的熟练度不够，导致我容易犯错。因此，我在学习中，尽量有意识地做题，对题目形成条件反射，同时降低惯性做题的速度。这既能有效提高我的成绩，又能使我养成扎实、良好的做题习惯。我的经验表明，此方法对于理科学习是卓有成效的。我的方法比较常规，同学们可以根据自己的实际情况，探究适合自己的、独创的学习方法。

同学们也可以在实践中深究一些答题习惯，如写错答案，是划掉、圈掉，还是涂掉？三种方式分别会对自己答题和老师阅卷有什么影响？

我希望每位同学都能从自身出发，研究出自己的一套学习方法。

四川农业大学袁巧灵：正面对抗“理综难”

理科综合对于思维能力不强的同学来说，可能比较困难，但是大家的题目难度一样，只要你有自己的得分法宝、得分技巧，你的成绩就能提高。有些同学因为对理科综合的其中一门学科感兴趣，在文理分科时选择了理科。但是高考追求各个学科的均衡发展，因此对于高考来说，每一门学科都很重要。

我是来自四川农业大学 2019 级资源学院人文地理与城乡规划专业的袁巧灵，2019 年四川理科考生，高考分数为 603 分。四川省 2019 年一本录取线为 547 分，考生总数约为 65 万人，我排名 3 万左右。

在备战高考的过程中，我吸取了很多考生的高考学习经验。因此我分享的不仅有我自己的学习经验，还有很多优秀考生的学习经验。以下是我的理科综合高考学习经验的分享，我将对物理、化学、生物三门学科分别进行叙述。

一、物理学习与考试技巧

物理的学习方法和数学十分相似，都需要大量做题。物理的题型很多，而且出题人很喜欢将各种题型结合在一起，因此对于很多物理问题，我们要探究其本质。

物理得分有一个技巧，即分步骤得分。很多时候我们不知道怎么做，甚至一点儿头绪都没有，我们可以将与这道题有关的物理公式全部写出来，假设一道大题 22 分，公式至少可以得 5 分。而对于需要运算、画图的题，一定不要吝啬自己的笔墨。

平常做题时不要习惯性地依赖标准答案，要自主思考。物理实验题的题型固定，我们可以通过刷题了解每种题型的解题方法并掌握此方法。每次考完试或者做完题，都要清楚每道题的错误原因，不懂就去请教同学、老师。否则高考时遇到类似的题，还是不会做。

二、化学学习与考试技巧

我很喜欢化学，但是每次化学考试的成绩都不理想，有一部分原因是我做题没有技巧，并且每次做完题都是改了答案就了事。在化学学习方面，我没有养成很好的习惯，也没有形成自己有效的学习方法。接下来我将结合历届考生的学习经验进行分享。

（1）经常做题。理综的时间很少，一定要看到题就能快速想出解题思路。

（2）多积累。选择题的第一道题是积累题。每次做题时，都可以将相关知识摘录在笔记本上。

（3）收集化学选择题或者大题里面的图像并且分析。化学题目需要分析，只要我们知道题目的考点，就很容易将题解出。

（4）要做好计算题，就要牢固掌握酸碱平衡、定量计算等知识。很多同学对酸碱平衡很疑惑，但是酸碱平衡的图像只有几种，我们通过反复地分析、解题，是可以很好地掌握酸碱平衡的知识的。基础很差的同学可以从基础定义开始重新学习，然后再去做题。

三、生物学习与考试技巧

生物的学习类似于文科的学习，需要大量记忆，要记到一看到题目就能想到相关知识的程度。生物选择题占比很高，但很容易丢分。前面几道选择题需要我们积累知识点、题型；后面几道选择题大多是综合性的问题，需要我们仔细地分析。

生物的大题都是类似的，我们要经常刷题。如光合作用可能比较难，但它的题型很少，全国卷Ⅲ卷也很少创新题型，因此我们只要把现有题型掌握就可以了。对于让我们给出方法去解决事情的问题，要经常利用题目中的信息作答。即便不知道怎么回答这一问题，也要多写字。只要写了就会有分数。最后一道实验题需要多背、多记忆重点知识，一般情况下是可以做出来的。

对于理科综合，同学们经常说的就是“得选择题者得天下”，所以做选择题时我们可以适当地花一些时间去思考。生物选择题要先做，只要对课本知识牢固掌握，就能很快选出正确答案。化学选择题只有最后一两道题需要计算，前面的都是基础题。物理选择题需要大量计算，如果我们对物理的最后一两道选择题没把握，可以最后做。物理最后几道选择题是多项选择题，除非有 90% 的把握，否则不要多选。得 3 分和得 0 分，当然要选择得 3 分。

关于大题的做题顺序，首先要把每科的选修题做了，这些题是送分题。对于其他题，先做生物题，因为高考生物题不会太难，但是物理、化学需要计算的题就不一定了。其次做物理题，做完生物题，就可以适当地分析比较难的题，如果物理题有一定难度，一定要舍得放弃，将相关公式写出来即可。最后做化学题是很明智的选择。化学的大题需要很多时间分析，不一定分析得正确，计算量还很大，因此要保证前面所做题目的正确率。

此外，考试时一定要注意时间分配。实在解不出来的题，不要一直纠结，最后有时间再思考，不要因为几分而放弃上百分。如果时间充足，一定要检查选择题，毕竟“得选择题者得天下”。选择题通常都比较基础，很容易检查。一定要培养自己良好的答题习惯，不要因为小失误而造成遗憾。

只要我们有信心、沉得住气，“理综难”是不存在的。

中国人民大学汪玉珍：物理学习与高考应试心得

我是汪玉珍，高考考入中国人民大学物理系。下面是我关于物理这门学科的学习及高考应试心得。

一、物理课本学习方法

首先，每天给自己预留学习物理的时间。早读或者晚读课不要把时间全部用在语文和英语上，物理的公式、定理以及一些基本结论都需要背诵，这些内容是我们理解知识和做题的基础。如果连公式都记不住，又何谈做题呢？

其次，课前要预习。要对上课的内容心中有数，这样上课时才不会慌乱，才能抓住重点。很多时候我们会觉得上课很累，精神难以集中，或者后半节课经常是半梦半醒的状态，这在很大程度上与我们没有预习、在上课时没有抓住重点有关。如果我们认为老师讲的都是重点，每一个知识点都听得很认真，听完一节课特别累，甚至坚持不到下课就疲惫不堪，那么会严重影响课堂的效率。

预习时将公式、定理看一遍，尝试自己推导；先看例题，再尝试做课后习题。物理课本上的课后习题都很简单，预习后应该能做出大部分，预习时标注不懂的地方，上课时重点听老师讲，如果还不懂，下课后可以与同学讨论，或者请教老师、查资料。不懂的地方一定不能堆积，确保自己懂了再开始下一个阶段的学习。此外，我们要将课本上的公式、定理牢记于心，时刻复习，时常考查自己是否能背出公式、是否能推导出原因。

最后，要有自己的总结。总结很简单，可以把自己的错题集中起来分析，也可以挑选一些有代表性的题目进行整理。

如困扰许多同学的滑块问题，在整理时可以由简到繁，将滑块放在光滑斜坡、粗糙斜坡，分析滑块静止时的受力，运动时的速度、时间；加深难度，使滑块带电，给滑坡加电磁场；再加深难度，使滑块和斜坡都运动；等等。这种分析可能要占用几个小时，但是这几个小时的价值甚至是写完一本练习册都比不上的。我为家教学生做的关于球在杆上时向心运动的受力和速度分析总结如图 5-1 所示。

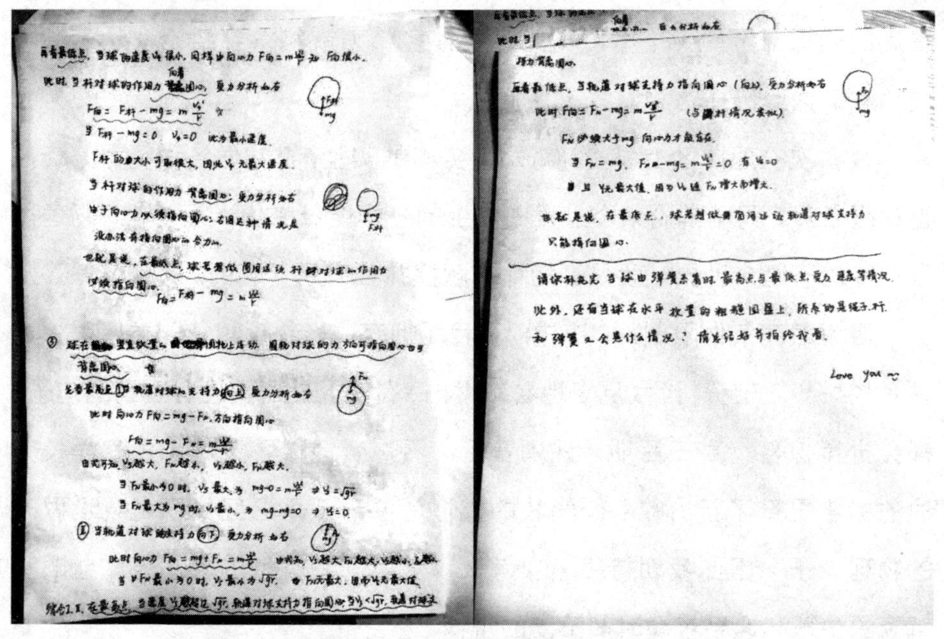

图 5-1　球在杆上时向心运动的受力和速度分析总结

二、高考物理做题技巧

高考时我的物理考得特别好，核对答案时除了几个步骤，几乎没有扣分的地方。我还记得高考物理选择题的最后一题特别难，当时高考核对答案之后大家在一起交流情况，好像我周围只有我一个人理综选择题得了满分。

物理的最后一道选择题给的是一个完全没学过的概念，我连题目都读不明白。这道题我是硬着头皮选的。我受爱看武侠小说的朋友的影响，坚信“万变不离其宗”的原则，因此抛开题目中我不明白的地方，只去寻找选项中与我已知的基础概念、公式、定理相悖的内容。我对于那些基础的知识已经烂熟于心，不用耗费很多精力就能得到结论，从而能够成功拿下这道选择题。

我喜欢物理课本上那些神奇却很务实的实验，喜欢做各种受力分析，喜欢跟老师、同学辩论某个过程中发生的一切能量变化。通过学习物理，我觉得对于这个世界，我是真切地在触摸并且有所了解的。

因为家庭条件限制，在高中时，我能拥有的与物理相关的书籍很少，只有教材和教辅资料。我反复地看教材，每次发现上一次没有看到的句子，都会觉得惊喜。高三后期，课本看了又看，资料做了又做，那时学校旁边的书店里除了新出的各个学校的模拟考卷，几乎已经找不到我没做过的物理卷子。因此我期待每一次考试，想做不同类型的题，想体会顺利解题的快乐和遇到难题时解不出的苦恼。

高考前两个月，物理老师对我说：“你要是实在没有什么能做的题，你就把书上那些基本的公式、定理推一遍，看看站在那些巨人的肩膀上能不能做到他们能做到的事。”我非常兴奋地遵照他的话，从必修推到选修。高考时有一道推导题是推导一个基本的公式。那个公式不是重点知识，老师只在这个知识点第一次出现时讲过，谁都没有想到会考这个公式的推导。而我在高考前两周正好跟我的前桌讨论过这个推导。因此对我来说，这个分值特别容易得到。

物理是一门特别高深且接地气的学问，经过这么多年的学习，我坚信自己还未摸到门槛，但是因为兴趣，我还是坚定地钻研着，希望自己能懂得更多。我崇拜那些物理学家，为他们的思维拍案叫绝，也为他们的真性情感慨万千。

牛顿曾说：“我之所以能成功，是因为我站在巨人的肩膀上。”年少的我还以为这句话是他的自谦，没想到这其实是一句犀利的讽刺。这句话是他用来回击宿敌罗伯特·胡克的，意在说明他的结论、成就与胡克无关，毕竟胡克身材瘦小，肩膀撑不起牛顿。这是科学家们互怼的一个例子，但措辞犀利、严谨。物理比物理学家们更有趣，它告诉你为什么彩虹有七色、为什么阴天会下雨，也告诉你在未来会发生很多不可思议的事，还会带着你去看更广阔的宇宙。

技 巧 篇

第六章

如何给自己确定目标

清华大学潘宇昂：确定目标，坚守不移

高中的学习，投机取巧、临阵磨枪是不可行的，持之以恒、一以贯之，方能水滴石穿。一千多个日夜的努力，绝不是一两个月的头悬梁、锥刺股、伏案苦读所能替代的。从高一懵懂入校到昂首走出高考考场，有三年的光阴。其间发生的改变可能会超乎你当初的想象。在学习中，我们可能逆流而上，也可能会跌落云端。因此，在我看来，高中三年最为关键的是毅力与恒心，而不是自以为是的小聪明与投机心态。

高中三年绝不会一帆风顺，我们会经历很多大起大落，也可能会迷茫、失落、消沉，所以我们始终要有明确的目标，保持自信、奋力拼搏、逐梦前行。

我是潘宇昂，2017 年高考安徽省文科第一名，使用全国卷 I 卷，总分 662 分，考入清华大学新雅书院政治学、经济学与哲学专业。

我的母校合肥一六八中学一向注重学生的生涯规划，秉持“着眼于终身可持续发展”的教育理念，在军训时即邀请中国科学技术大学和上海交通大学的教授为我们做生涯规划的专题演讲。学校还给每位同学发放生涯规划书，要求我们填上自己心仪的高校。我相信，许多学生都会有一个“清华大学、北京大学梦”，小时候也许曾暗自纠结过清华大学、北京大学到底哪所学校更适合自己。

我在高中时的梦想院校是清华大学，这对于当时的我——一个成绩平平、毫无学霸迹象的高一学生来说，有些不切实际。但唯有立大志，方可成大事。

但是如果空有理想，并就此止步，那所谓的理想多半只能是空想。设立更现实、更具体的阶段性目标并为之奋斗，方能在一次次的自我超越中百炼成钢。能否实现理想不在于理想是否远大、目标是否切合实际，而在于能否拥有三年如一日的激情并持续努力，去实现一次次的进步与突破。

虽然清华大学对于一个高一新生来说略显遥远，但如果把考上清华大学分解为一个个阶段性的小目标，就有了切实可行的行动计划与源源不断的动力源泉。阶段性目标的实现可以帮助你一步步走向理想的高校。

作为一名来自县城初中的宏志生，我深知自己无论是综合素质，抑或是学科基础，都远不如合肥名校的优秀毕业生。我虽有一个清华梦，却也知道虚幻缥缈、遥遥无期。但逆境不会是永久的，关键是要拥有进取的决心与勇气。参选校学生会副主席的成功、初次参加模拟联合国活动受到的认可、主持人大赛的获奖等诸如此类的自我尝试与挑战，使我很快适应了高中的生活，并建立了自信。

初步树立起自信的我，又从自己的实际出发，定下了在高一上学期进入宏志班前十的小目标。高一下学期文理分科后，又向着进入文科重点班的目标努力。努力加运气之下跌跌撞撞进入重点班的我，在高二上学期的目标则是从班级中游迈向全班前十五，在高二下学期则努力学习，为参加夏令营做准备。至于高三，则在联考排名、冬令营、自主招生、“领军计划”等小目标的一个个实现中走向了高考。

不断地给自己制订新目标，设立新台阶，不断地尝试、努力、进步、突破，终于清华大学近在咫尺。

这些小目标的制订，立足于了解自己的基础之上，而经过拼搏之后的实现，既极大地提高了我的效率与能力，也进一步增强了我的自信心和综合实力，助推我走向成功。

正如我在高一时无法想象自己真的能走进清华大学的校门，你们也一样难以预测自己的未来。未来不可控，可控的只有自己的勤奋与努力。我们都是普通人，不能轻而易举地成功，但却可以借助奋斗向理想迈进。

有理想、有计划、有目标地奔跑在学习之路上，不一曝十寒、半途而废，恒心与毅力是最有用的“加速器”。

清华大学华子评：制订计划的三大误区

高中毕业以来，我的高中同学纷纷在网上发自己高中时代纪念物的照片。在这些照片里面，我发现我和几位同学有一些相似的习惯，如我喜欢在便签上列下每天的计划，而我的一位同学习惯每周制作一张日程表。总而言之，我们都是很有条理的人，会以天为单位制订具体的计划，并且按部就班地完成它。

我是华子评，2009年江苏省高考南京地区文科第一名，总分410分（语文150分，数学148分，英语102分，历史A+，政治A，6A加10分）。我从小就有制订计划的习惯，但完成率却是在近几年才逐步提高的，以前的计划大多变成了墙上的装饰，制订完就再也不会想起。原因有以下三点。

第一，计划太空泛，不具有可操作性。如“复习数学第2章”就不如“复习数学课本第××～××页（第2章内容）或做《数学5•3计划》（或其他参考书）第××～××页（与数学课本第2章对应的习题）”有可操作性。

第二，计划过于长远，不具有很强的阶段指导性。如想提高语文阅读水平，与其将目标定为“高考语文阅读提高50分”，不如计划在一模、二模等考试中各提高5～10分，以及制订实现目标应该采取的措施，如：与语文老师交流，请他帮你分析你在阅读中出现的问题；自己总结历次考试中在阅读方面的失分点；等等。

第三，空有计划，却没有按部就班地实行。如果实在管不住自己，我建议你把令自己分心的东西打包上交给父母，让他们带到单位放好。如果这样你还是无所事事、不付诸行动的话，就需要有人监督你。

把一个长远的、看似不切实际的目标分解成每天的小目标，回首来看，你就会发现自己跨了一大步，达到了以前你不敢想象的高度。有时并非你做不到，而是你没有真正去做。

俗话说，自律即自由。我曾经认为制订计划是个愚蠢的行为，觉得自己每天的生活都被它限制了。很久之后，当我真正有能力控制自己去完成自己设定的目标时，我才认识到，其实限制我的并非是计划，而是自己的懒惰、不自律。计划只是帮助我达到目的的一个手段，我可以根据自己的需要去更改它，使得时间的安排更有弹性。当你对计划感到烦躁时，其实是自己的心态出了问题。归根到底，还是对现状不满意，以致暗自怀疑自己的能力，怀疑预期的目标是否能够达到。

也许在艰难地向前迈进的过程中，你很难看出今天比昨天有了什么样的进步、明天又将比今天有什么样的提升。这时你要学会给自己打气，以支撑自己百折不挠地走下去。希望同学们能够记住：过程中的变化注定是微小的，但量变会引起质变。每当你发现参考书上的一个错误时，说明你在思考、在质疑；每当你独立探索出一种新的解题方法，或是找到比原来更加巧妙、清晰的解题思路时，你可以停下来欣赏一番，从自己发现或是创造出的全新解法中汲取继续向前的勇气和信心；每当你遇到令你心醉的文字片段时，认真地品味它，在心中默诵几遍，让它在你的脑海里留下印象，使它成为你写作的素材、生活的调剂品；每当发现生活中让你感动的点点滴滴时，细心感受生活的美好……这些都有助于你进步。

真正的质变，必将经历量变的过程。你只需坚定自己的信心，一步一个脚印地向前走，相信自己制订的计划终会被完成，相信自己憧憬的改变终将会发生。你是在为自己计划人生，丝毫不能马虎。

电子科技大学雷猛：先给自己定位，明确阶段目标

我是雷猛，2018 年的高考成了我人生中的转折点，我以理科 647 分的成绩被电子科技大学录取。下面我将以我的经历为大家分享一些有关高考的经验、心得。

首先，我们要明确自己在同学中的定位。我把学生按成绩大概分以下几类：第一类是处于队伍末端，急需有所进步的学生；第二类是成绩中上游，处于瓶颈期的学生；第三类是尖子生。我会对前两类学生给出针对性意见。

对于第一类学生，他们大多数基础薄弱，可能连一些基本的定理都没有掌握，这也是他们成绩不好的直接原因，想要改变这个现状，他们需要做到如下两条。

（1）端正学习态度，明确自己的目标。一个良好的态度是自己努力奋斗的内在动力，要保持对知识的渴望、对未来的希冀，制订明确的目标，这样才能在学习道路上不懈怠、不偏离方向。

（2）回归教材基础内容。教材经常被忽视，其实，教材包含了平时需要的所有内容。教材中的定义、定理一定要烂熟于心，例题一定要在理解的基础上参透。如果将教材完全掌握了，那么，我们就已经掌握了卷面 70% 的基础题。不要小看这 70%，这意味着 750 的满分，我们可以拿到 525 分，剩下的题哪怕我们只编一些语句上去，也足够超出一本线，

而这对于学习成绩处于末端的同学足够了。

对于第二类学生，他们对于基础知识的掌握已经足够，但考试时总是会在一些意想不到的地方失分。我认为有两个原因：①基础知识不够扎实，容易马虎；②做题较少，思路不清晰。这些问题的解决方法有两个。①多刷高考题，尤其要注重小题的正确率。数学一道选择题是 5 分，一道大题是 12 分左右，“性价比”一目了然。②对于比较难的题，不要轻易放弃，一般这种题的前一两个问题是可以轻松解答的。如果成绩处于突破瓶颈期的同学能做到这些，分数自然会提升许多。

第七章

如何做好时间管理

清华大学陆泉宇：时间安排四象限法

对于高中学生来说，每天把作业写完、把时间安排好，这已经很难做到了，又何谈制订长远的目标与计划呢？

关于时间安排，清华大学的陆泉宇同学给大家推荐一个四象限法。四象限法是把所有的事情按重要性和紧急程度分成四类，放到四个象限里，分别代表重要但不紧急的事、重要且紧急的事、不重要但紧急的事和不重要且不紧急的事。

以平时的学习为例，什么是重要、紧急的事情呢？一般来说，我们当天留的作业和任务就是比较重要的，也是比较紧急的。它是重要的，因为它是对你当天所学知识的一个回顾；它是紧急的，因为老师第二天上课就要讲，或者就要检查。此外，复习新讲授的内容或者弄懂每天的疑难知识都是重要且紧急的，因为如果你不及时复习或者捋清思路，之后可能就会落下。

也有一些事情是重要但不紧急的。如长期目标，每天背 20 个单词或每天做一篇文言文。这其实是很重要的，但它不是一件很紧急的事情，完全可以慢悠悠地做。如果你每天都能把 20 个单词背下来，每天都能做完一篇文言文，日积月累，你一定会有一个很大的提升。再如知识体系的梳理和整合，每学完一个单元，都可以画一个思维导图，这件事情也很重要，但它不像作业那么紧急。错题本的整理与回顾，也是重要但不紧急的事情。

也有一些不重要但紧急的事情。如同学向你请教问题、父母喊你吃饭、妈妈让你洗碗等，这些事情不重要，但是很紧急，因为这些事情会打断你现在的学习。

还有一些事情是不重要且不紧急的。平时我们都会有一些娱乐活动，这些娱乐活动就属于不重要且不紧急的事情，如用手机刷短视频。但需要注意的是，这些不重要且不紧急的事情不是不需要做，而是我们要把它们安排在适当的时间。

把事情都安排进相应的象限之后，我们就可以从重要且紧急的事情开始做，其次分别是重要但不紧急的事情、不重要但紧急的事情、不重要且不紧急的事情。在实际操作中，我们要遵循以下要点。

（1）时间安排忌太过松散或太过紧凑。很多同学把自己的时间安排得满满当当，6:00—6:30 干什么，6:30—7:00 干什么……一直安排到 22:00。后来发现自己计划的这么多件事情，根本没有办法完成，就非常影响自信心，很有挫败感。因此，大家要注意，不要把自己的计划列得过满。

（2）要给重要但不紧急的事情留出时间。你既然设立了长期目标，就要尽量执行，不要让不重要但紧急的琐碎事情打乱你的计划。

（3）按照重要程度排序，先做最重要的，要保证你做的每一件事情都是剩余的事情里最重要的。这样，即使后面的事情做不完，影响也不会很大。

（4）要注意休息。不建议大家熬夜到很晚或者起得过早，除非你平时就已经养成这个习惯。我个人的建议是，在 00:00 之后到早上 6:00 之前不安排任务，否则可能无法保证足够的休息。

（5）不要求全。如果你能完成计划的百分之八十，你就已经很棒了。没有人能够在一开始就把自己的计划全都完成。所以，要学会鼓励自己、肯定自己。

（6）用“番茄工作法”完成计划。所谓“番茄工作法”，听起来很高端，其实很简单，就是把学习时间拆成25分钟的“原子单位”，即“番茄钟”。用计时软件设定25分钟的倒计时，25分钟之内你不能做别的事情，只能做你手头的这一件事情，而且你必须全神贯注。例如，25分钟之内你要做数学题，那么你就只能全神贯注地做数学题。你不能玩手机，不能看语文、英语，也不能吃饭。完成这25分钟的学习之后，你可以休息5分钟。这5分钟的时间，你可以坐在椅子上打个盹儿，可以出去走一走，也可以和爸爸妈妈聊天。总之，可以在休息时间做一些能完全让自己放松下来的事，但是不要玩手机，因为玩手机很消耗脑力。

当你完成三个“番茄钟”之后，你就可以享受稍长时间的休息，如休息15～20分钟。学习25分钟，休息5分钟；再学习25分钟，休息5分钟。通过这样的循环，你的时间就已经模块化、可控化了。

学习很累，非常消耗你的精力。你也不知道你完成这个漫长的学习过程需要多久。但是用“番茄工作法”之后，你不需要在意学习还要多久才能完成。你只需要做到在25分钟内全神贯注地学习，剩下的事情交给下一个25分钟。其实这个方法对你的精力恢复，以及完成作业效率的提高，都有很好的帮助。我把“番茄钟”称为跑很多个短跑，而不是跑一个漫无目的的马拉松。同学们也可以看《番茄工作法图解》，我的思路借鉴了这本书里的内容。

讲了这么多，很多同学会问：我们到底要怎样安排时间？假设我17:00放学，那么我放学之后要回家、吃饭，吃完饭会休息一会儿，大概18:00开始学习。我有很多作业，如语文、数学、物理、化学、英语等。我还想复习数学笔记，还要完成每天背20个英语单词的目标，我可能还要玩一会儿手机。

这时我们就可以在每件事情后面，按四象限法标注它的重要及紧急程度，并预估完成它需要几个“番茄钟”的时间。之后，我们就可以从重要且紧急的事情开始做。如物理作业、化学作业。依次安排下来，我们可以发现，每件事情都有一个具体的时间安排。但要注意的是，事情先后顺序的安排也应该科学、合理。如看数学笔记要放在做数学作业前面，因为提前复习好才可以更好地完成作业。

我必须给大家一个重要的提醒，你听我讲了这么多，就要有所启发、有所改变，但是改变不会一蹴而就。在进行改变时，会有一个“改变之轮”——思考、决定、行动、维系。如果你毅力不足，还会回到原来比较懒散的状态。那么，你可能需要经历一次又一次的失败，在“改变之轮”里转一次又一次。但是请你不要气馁，这很正常。你一定能够找到“改变之轮”的出口，最终获得非常高效的学习效率。

清华大学于思瑶：科学管理时间，注意合理休息

在很多人的印象中，成绩好的学生都学得很轻松，不仅把自己的学习安排得井井有条，并且也很少熬夜。而对于大部分学生来说，很容易出现时间不够用、学习计划不清晰、面对繁重的学习任务手忙脚乱的情况。这其中最大的差距就在于，大部分学生缺少合理、正确的时间管理方法。关于清华大学于思瑶的学霸战绩在第二章中已经有具体的介绍，下面是她分享给大家的管理时间的方法。

我给大家的建议是，相比于投入大量的时间在学习上，我们更要看重学习的效率，而想要提升学习的效率，就要有合理、正确的时间管理方法。不要让自己只是看上去很努力。

一、要根据学习内容安排时间

古希腊哲学家赫拉克利特曾说："人不能两次踏进同一条河流。"我们也可以说："没有人能两次度过同一个小时。"每一个小时都是独特的，在每一个小时里，我们周围的环境、我们的心境都会发生变化。上课的时间和在家自习的时间，显然是各不相同的。我们不能简单地把24小时划分成一个个小格子，往里填充内容，就把这叫作"时间计划"。

我们必须学会让不同的学习内容和不同的时间相契合。对那些需要大量时间的阅读、理解、背诵的任务，就要安排在时间比较长、精力比较充沛、不易受到干扰的时间段。而那些精力不太旺盛、比较容易受干

扰的时间段，可以用来做题。因为做题时需要动笔演算，可以强迫你集中注意力，即使周围的环境比较嘈杂，即使你精力不太充沛，仍然可以达到练习的效果。

时间利用存在“二八定律”：在效率最高的“黄金时间”，20% 的时间投入就能产生 80% 的回报；在效率最低的“疲顿时间”，80% 的时间投入却只能产生 20% 的回报。因此，提高时间利用率，关键在于对时间的精细化把握。如果按照时间单元的客观情况划分，可以得到完整时间和碎片时间；如果按照学生的效率高低划分，可以得到高效时间和低效时间。我们可以按照对时间单元的划分（见表 7-1）和具体不同时间的学习效率来安排自己的学习。

表 7-1　时间单元划分

精神状态	完整时间	碎片时间
精力充沛	黄金时间	积累时间
筋疲力尽	反馈时间	疲顿时间

我是这样安排自己的时间的。在早上起床后的洗漱、吃早饭的零碎时间，我会进行积累，通过听广播了解时事新闻，或者进行英语听力练习，让自己的大脑从清晨就运转起来。在下午自习的完整黄金时间，我会进行数学大题的训练，因为数学大题需要较长时间的深入思考。晚自习，在写完作业后，一般较疲惫，我会进行一天学习内容的复习整理。当自己感到非常疲劳时，继续学习效率不高，我会选择休息，以更好的精神

面貌迎接第二天的学习。

因此，将自己所有的时间进行类型化的划分能够更好地兼顾自己的时间和精力。此外，我们还需要根据自己每天的时间安排和精神状态进行灵活的调整。

例如，在睡前的 30 分钟，时间较短，如果我们的精神状态较好，即进入“积累时间”，可以进行积累、背诵、记忆单词、古诗词和文科知识点等学习；如果我们的精神状态较差，即进入“疲顿时间”，可以进行课外阅读、摘抄素材等学习。再如在家晚自习，时间相对完整，如果我们的精神状态较好，即进入“黄金时间”，可以刷题、钻研难题；如果我们的精神状态较差，即进入“反馈时间”，可以思考、归纳、整理。

但是，我们需要注意，不是只有“黄金时间”才适合学习，每天仍有大量的学习任务可以在零碎或精神萎靡的时间完成。时间像海绵里的水，只要挤就会有。

二、要事为先，学会舍弃

很多时候我们觉得时间不够用，主要原因是我们要做的事情太多。在紧张的考试复习中，我们一定会面临这样的问题：时间是分给这个科目，还是那个科目？是刷题，还是归纳总结？

时间永远不够用，需要完成的事情是无穷的。所以，我们需要做的是，区分每件事情的轻重缓急，如表 7-2 所示。很多紧急的事情不一定是重要的事情，一定不能成为急事的奴隶。

表 7-2 事情重要、紧急程度划分

重 要 性	紧 急 程 度	
	紧急	不紧急
重要	马上去做	制订计划
不重要	守住底线	暂时搁置

真正懂得如何利用时间的人，一定是懂得如何舍弃的人。在经济学上有个术语叫作“机会成本”，是指做出某个选择后所丧失的不做该选择而可能获得的最大利益，即把一定的资源投入某一用途后所放弃的在其他用途中所能获得的利益。

时间管理也一样，在学习时，你面前总放着一大堆书，但你每次只能拿起一本书，你应该选择最重要的那本。确保自己一直在做最重要的事情，实际上也就确保了自己利用时间的效率。

三、要做自己力所能及的事

在有限的时间内寻找最重要的事情去做，要放弃的不仅是那些看起来不太有价值的事情，更重要的是，学会放弃那些看起来很有价值但超过自己能力范围的事。

一道难度极高的题目，总是让人忍不住挑战。如果你在做完高考试卷前面的题目之后，还有充足的时间解决最后一道难题，那么，这样的难题当然值得挑战。但是，如果你前面的题目做起来都很困难，那么，挑战这样的难题，不仅不会有结果，还会让你减分——因为你没有更多的时间去做那些你本来可以得分的题目。我们要保证自己的学习效率，就要多做和自己水平相符的题目，这样既有成就感，又能提高自己的解题速度。

对刚开始制订计划的人来说，应先对自己有合理的认识，计划应该制订得适度低于而不是高于自己所能完成的水平，让时间宽裕一些，但尽量保证每天的任务都能完成。例如，你预计自己复习需要一个小时，那么你可以留出 80 分钟，以保证计划的完成度。在一天结束时，前一天所计划的事情都做完会带来成就感，可以给你继续制订和执行计划的信心和动力。这样循序渐进，再慢慢提高标准，才能真正高效利用时间。

想要把时间利用好，除了挤时间学习外，还要挤时间休息，以保证充足的睡眠时间。没有良好的身体基础，就没有办法高效地学习。

为了提高学习成绩，有的同学学习到凌晨，也有的同学喜欢在夜间学习，因为夜间相对安静。但长期占用休息时间，睡眠不足，会影响白天的精神，导致上课时不清醒、犯困，就会降低听课效率。我们应该做的是利用好已有的学习时间，减少时间浪费，提升学习效率，保证充足的睡眠时间，保持良好的状态，毕竟课堂是最重要的学习环节。

学习强度大时偶尔熬夜可以，但是长期熬夜是不对的。这不仅影响学习效果，还会影响身体健康。所以，我们要记住：学习效率比时间更重要。此外，我们要学会利用在等待中浪费的时间，如等公交车、排队打饭的时间等，所有的零碎时间加起来其实很可观，只是容易被大家忽略。而利用好碎片化的时间，积少成多，一定会有收获。

以下是我高中在校上课期间的每天计划（见表 7-3）。在此学习计划表中，我合理地安排了各学科的内容，包括对课堂内容进行复习、梳理，综合知识点复习，作业，课外练习，等等。只有制订合理的学习计划，并坚持落实，才能每一天都有收获，不断进步。

表 7-3　学习计划表

时　　间	星 期 一	星 期 二	星 期 三	星 期 四	星 期 五	备　　注
6:30—7:40	语文背诵类	英语背诵类	政治背诵类	历史背诵类	地理背诵类	早晨较清醒，适合记忆类内容
上午课程的课间（按课表）	复习刚讲过的课程内容，简要整理课堂笔记，对课堂记录下来的问题进行答疑解惑。准备下一节课的内容					细节决定成败，不要忽视这些碎片时间
午饭后、午休前	对上午课程进行总结，简要梳理，做下午的计划					注意细节
下午课程的课间	同上午					
下午自习 1	先对一天的学习内容进行梳理，整理好笔记，再写作业					及时对当天内容进行复习，巩固记忆，提升作业质量，达到真正的练习效果；不要盲目做作业
下午自习 2	完成作业					保证作业质量，不要浪费时间
晚自习	课外练习					建议语文、英语、数学每天都做课外题，可以穿插来做
总结	每天要有计划地完成反馈与修改。在周末要对本周内容进行复习，还要梳理笔记、做试卷等					在学习中梳理，回顾永远是最重要的

赫胥黎有一句话：“时间最不偏私，给任何人的都是 24 小时；时间

也是偏私的，给任何人的都不是24小时。”用这句话与大家共勉，希望大家可以收获时间管理的方法，让自己的时间真正地被高效利用起来。

浙江大学叶子：学会自主整理和分清主次

高中作为与大学衔接的一个阶段，对自学能力的培养是十分重要的，其效果也十分显著。我们要善于利用自主学习的时间。

我是叶子，高考分数是674分，考入浙江大学人文科学试验班（外语）。在此，我将自己的高中学习心得和经验略做整理，分享给大家。

一、学会自主整理，利用好自习时间

从我入学开始，课表中就出现了以前未接触过的“整理课”，即自习课。

在高中三年的学习中，我从不知道如何利用自主整理的时间，到最后，让整理课成为我学习过程中利用率最高、最有效的时间。在浙江选考制度下，我第一次选考的生物没有达到理想的分数。所以在一选和二选期间，我充分利用整理课，从课本入手，以参考书为辅，以做题为提升途径，每复习完一章，就自主整理一次，最终形成了自己条理清晰的知识体系。最后，我的生物轻松获得了高分。

而这种自主整理的效果，在高考备考期间更为显著。自主整理、自我学习能促使我们养成有序学习、有目标学习的习惯。对我本人而言，这样的习惯已经延续到了大学，即使没有严格的监督，我也能够定期规划、定期整理。

二、学会分清主次，有较好的主次观念

高中的学习生活非常紧张，因此拥有主次观念就显得十分重要。

一是日常安排要有主次观念。学习是主要的，其他的是次要的，但并不是说其他的就不重要。高中时期要把学习放在第一位。要合理地安排课外活动的时间，劳逸结合；合理地处理个人情感问题，专注于学业。例如，保证每一节体育课的高效运动；保证每天的跑操不缺席；利用课间在教室内走动、唱歌；等等。我喜欢在晚上睡前听完听力之后，听一首歌让自己放松。

二是每日规划要有主次观念。在高中阶段，阶段性的计划会对学习效果起到非常重要的作用。我们每天的任务十分繁重，这就需要我们从中选择最紧急的事情，并在最紧急的事情中选择短时间内能达到最好效果的事情。

我个人探索出的制订计划的方法是目标倒推法：从自己最终要达到的目标和达到目标的日期开始倒推。例如，一个月完成3500个词的复习，那么半个月就要复习完1750个词，一星期复习完875个词，这样倒推就能很好地把艰巨的任务分割，有助于分阶段地完成。这种方法还适用于大目标的实现。例如，一位浙江考生的目标是考上浙江大学的社会科学实验班，那么他在高考中应该取得675分左右的成绩、应在浙江省排名前2000。再根据自己的能力把目标分数分给三门选考和语文、数学、英语。如此量化、细化、步骤化自己的目标，有助于督促自己完成。

三是做题要有主次观念。在每次考试中都要学会取舍。保证会做的题不失分，适当放弃不会做的题；多选择大分值题，别在小分值题上“死磕”。以高考数学为例，我会先把选择题和填空题的最后一道题留着，因为这两道题一般是分值小而难度较大的题，在这两道题上耗费过多的时间不值。把整份卷子会做的题做完后，再去解决这两道题，不失为一种好方法。

当然，所有的方法都是因人而异的，我们需要根据自己的习惯摸索出适合自己的一套经验。

浙江大学郑博文：提前规划自己的三年高中生涯

进入高中以后，十分有必要提前规划自己高中三年的学习生活。下面由考入浙江大学自动化专业的郑博文分享他是如何提前规划自己的高中三年的。

我是浙江省第二届新高考的考生，高考 670 分。我在高一刚进入镇海中学时，就已经规划好了自己高中三年的学习生活。

我的选考科目是物理、生物和地理。选物理的主要原因是，选了物理基本上大学就可以选所有的理工科专业。如果大学想读理工科专业，那么高中必须选物理，而且物理对大学的学习也有很大帮助。选地理的主要原因是我比较喜欢地理，也擅长学地理。选生物的主要原因是，大学考虑读生物方面的专业。

我当时的计划是这样的：高一时课很多，以打好基础为主；高二下学期 4 月份时，将地理考过，争取拿到 97 分或 100 分的成绩；在高三上学期 11 月份，将物理和生物考过，争取两门学科都是 97 分或者 100 分。

这样我的总分会在 294 分以上，对于考个好大学，我就比较有信心。

虽然我做了规划，但还是比较忐忑。我对于地理拿到 97 分及以上的成绩是有把握的，对于物理和生物能考多少分，我不太确定。幸运的是，我认真执行并完成了最初的计划。我的地理在第一次选考时就得了满分，第二次选考时物理和生物的成绩分别是 100 分和 97 分。之后开始主攻语文、数学、英语。在选考前，我没有放弃语文、数学、英语，毕竟学三年和学一年差距很大，而且也不能保证选考科目全都一次考过。

我当时给自己的时间安排得很紧凑，而且在选考成绩上，基本不允许自己失误。例如，如果我在 4 月份的地理考试中没有得到 97 分或者 100 分，那么我就需要思考是 11 月份还是在第二年的 4 月份将地理考过。而且如果我 4 月份地理选考没考过，那么我就必须思考 11 月份的选考如何准备，是先缓一缓，或者是做其他计划。我当时备考地理只用了 50% 左右的精力，因为当时还有三门学考科目要考。在 11 月份时，物理和生物占了我 70% 左右的精力，还有 30% 左右的精力给英语。

对于选考来说，如果我们在高一、高二打好了基础，认真备考，我觉得能得到自己满意的成绩的概率是比较大的。我认为拿到满意的成绩不是为了追求分数，而是为了提高自信心，使自己在剩余时间从容地备战高考。例如，我其实没有体会到高考带来的压力，因为我觉得我的高三比我的高一、高二都轻松了很多。高一时最累，当时没有文理分科，我要学习九个学科的知识。而且有些学校的三位一体资格需要依据学考，因此，虽然学考拿 A 的难度不是很大，但是也要兼顾。

数学，我认为要在高一、高二打好基础，不要妄想高三突击，那不现实，而且也比较累。如果高一、高二时把基础打好，那么高三复习数学时就不会有特别大的压力，只需刷题、多积累做难题的经验即可。

浙江省的语文科目应该会考语音。当时我的时间充足，我就像背字典一样记忆语音，这种做法比较枯燥。如果时间不是很充足，同学们可以积累往年的易错题或是出现次数较多的题。

英语想得高分，需要一个日积月累的过程。

英语相比于别的小语种，不算很难。想学好英语，要每天坚持背单词、记短语，并在学习、生活中经常应用。老师会传授给我们一些学习技巧，如写作技巧、语法记忆口诀等，我们也要很好地掌握这些技巧，将其应用到考试中。此外，我们自己也要多积累，如将作文佳句抄在一个笔记本上，平时多背、多看。

学习方法因人而异，重要的是要有自己的学习方法、学习习惯，并且要对自己的高中生涯做好规划。

四川大学吴波：高三时间规划

作为一个高中三年都没有努力学习的学生，吴波理所当然地高考失利。他选择了复读，几乎没有人看好。但是他复读后的高考成绩提高了80分，最终以638分的成绩被四川大学电气信息学院自动化专业录取。

吴波高中四年的学习经历，让他对高考备考有一些自己的想法。以下是他的分享。

作为省重点高中，我复读学校的老师、学生、家长都很努力，我们被要求全部住校，表 7-4 是我们的作息时间表。

表 7-4　作息时间表

	时　　间	内　　容
上午	6:00	起床
	6:40	到教室
	6:49—7:05	化学或生物早读
	7:05—7:45	语文或英语早读
	7:45—8:30	早饭
	8:30—9:50	上课，课间 6 分钟
	9:50—10:20	早操
	10:20—12:00	上课，课间 6 分钟
午休	12:45	关宿舍门
	12:50	午觉
	13:50	起床
	14:10	到教室
下午	14:10—14:40	午读
	14:40—18:05	上课 + 自习
	18:50—20:50	晚自习一
	20:50—21:10	晚操
	21:10—22:30	晚自习二
睡觉	22:45	关宿舍门
	22:55	熄灯

早晚都要跑操，跑操缺席需要跟班主任请假。自习的时间会有限时作业，到点就得交。所有的作业老师都会批改。自习课上做完作业，就可“自主学习”。班主任每天来得比我们早，走得比我们晚。平时无论何时去请教问题，老师们基本都在。

下面我来谈谈如何在这样紧凑的时间里保持自己的节奏。我认为首先要做到以下几点。

（1）一定要掌握基础知识。我在第一次高三时，经常盲目地做一些高考题或者难题，每次考完试都会发现自己在一些很简单的题上丢分，而难题却能做对。那时觉得是因为自己马虎，现在想起来，其实完全是因为自己的基础不扎实，高一、高二学新知识时我没有认真听讲，导致我根本不知道一些非常基础的、老师在一轮复习时都不会强调的知识点。而难题更看重技巧，所以即使你的基础知识不牢固，也可能做对。但是高考大多是基础题，掌握了所有的基础题，你的高考分数就不会很低。因此掌握基础知识非常重要。

（2）保证自己的题量。提升成绩最有效的方式是做题＋改错。我复读学校的做题量很大，一轮复习每科最少做三四本练习册，虽然老师不要求全部做完，但是只要你想刷题，就一定有题可做。当你发现哪个知识点比较薄弱时，你就可以有针对性地练这一类题，那么也就攻克了这一类题。到了后期，基本上全国每次联考我们都参加，如衡水联考、五省联考，基本每两个星期一场大考，每个星期还有周调，就是学校的考试。也许你的学校没有为你提供这么多的训练量，但是你一定要保证自己的做题量。建议不要选择练习册，而选择套卷，最好是联考卷，因为联考卷的出题人一般都是专家，出的题更加规范。

（3）一定要保证改错的质量。一道题，如果你只是做了，没有更正，那么这道题就被你浪费了，做这道题的时间也就被浪费了，所以做题一定要更正。那么，如何改错呢？不是把正确答案写上去就可以了，而是要把这道题的解题思路和解题技巧分析透彻，并且能保证在不看答案的情况下将这道题完整地做出来。

（4）不要假学习。不是笔拿在手里、书放在桌子上就是在认真学习，也不是一天找老师问一百道题、为刷完一本练习册而熬夜就是努力。如果你根本没认真思考，学习成绩怎么会提高呢？因此，无论在学习基础知识，还是在刷题改错巩固知识，都一定要保证你在思考。

（5）忌抱怨、空想。上课、自习有时难免会走神，千万不要强迫自己，发现走神了就赶紧集中精力注意听，也别埋怨自己。不要经常想自己会去哪个学校，因为那是由最终的分数决定的；不要总想自己能考多少分，因为高考变数真的很大；不要憧憬自己的大学生活，因为未来是不可知的，应将对未来的憧憬与期待转化为奋斗的动力。

（6）要有梦想，但不要在高三寻找梦想。很少有人会在高中时就明确知道自己以后应该从事的职业。这没关系，上了大学你可以实习，通过亲身体验思考自己到底适合从事什么工作。高三时间紧迫，应脚踏实地、朝着自己既定的方向努力。

（7）不要沉迷手机。手机是学习路上最大的阻碍，手机的确可以为你的学习提供很多便利，但是不良影响更多。我复读的学校是严禁携带智能手机的，即使是只能接打电话的老年机，也只能在周六、周日联系父母用。

清华大学杨珂涵：劳逸结合有方法

在高中的假期中，我们肯定要以学习为主。我强烈推荐大家制订一份学习计划，并按照计划执行。一份好的计划能使你从容不迫，也能使你的生活有规律。

如何安排自己的学习与生活因人而异。下面是清华大学学生杨珂涵学业之余的时间规划。

要平衡好生活和学习，首先需要注意以下五点。

（1）学习时间以一天 8 ～ 10 小时为宜。要注意劳逸结合，保证充足的睡眠，不熬夜学习。

（2）不要贪心。不要试图把所有的事情都在短时间内做完，学习要日积月累，每一天都应该有效果。

（3）制订计划后务必付诸实践。如果发现不能完成计划，务必及时调整。

（4）如果在长时间学习后出现了厌烦、心慌或者注意力下降的情况，一定要及时停止，不要磨洋工，同时要在今后的计划中尽量缩短连续学习的时间，增加休息次数。休息不是偷懒的表现，而是提高效率的手段。

（5）劳逸结合，不要忽略体育锻炼和适当的娱乐。每天都要保证一定量的体育锻炼，健康的身体是认真学习的保障。感到疲惫时，可以进行适当的娱乐，如听音乐、观看一部有趣的电影等，这样有利于放松身心、调整状态，更好地投入后续学习。

当然，在制订计划与具体实施的过程中，我们会遇到各种困难。下面我以问答的形式来解答考生经常提出的两个问题。

如何选择恰当的娱乐项目？

一定要选择“吸引力比学习弱”的娱乐活动，如看书、听音乐等。如果你选择了看短视频、追剧、打游戏等诱惑力强的娱乐活动，那你可能就会沉浸在这些娱乐活动中无法自拔。因此，如果你明确地知道哪项娱乐活动对你的诱惑大，就千万不要碰。

容易陷入颓废的境地，面对每一学科的知识漏洞，觉得茫然、无从下手，怎么办？

如果总感觉提不起精神时，最重要的就是明确目标。我们可以在感到迷茫时，畅想自己心中的目标高校，畅想大学生活。加缪曾说：“对未来的最大慷慨，就是把一切奉献给现在。”对于茫然的情况，不要贪多求全，不要妄想一次能弥补所有的知识漏洞，而要从零开始，有针对性地一点一点地补、一步一步地走。速度虽慢，但每一步都有效果。时间久了，就会有所收获。

关于娱乐。我不建议高三禁止所有娱乐活动，如果每天都神经紧绷，没有一点儿时间放松，反而会加重紧张情绪。好成绩不是靠拉长时间战线获得的。要想获得高分，就要在学习的时间里专注。我每周末都会完整地观看一场 NBA 球赛，还在高三下学期利用周末的零碎时间把《哈利·波特》全套看完了。

但是，在高三这一年，建议你根据自己的实际情况，远离那些会影响你学习效果的、使你浮躁的娱乐活动。例如，如果你担心自己因沉迷于微信聊天、刷朋友圈而影响学习，你可以卸载微信；如果你担心观看电影、观看比赛会让你在学习时也总回忆电影情节、比赛战况，那你最好还是不要看。

关于睡眠。尽量每天睡午觉。我每天都要睡午觉，睡 30 分钟左右，这有利于调整下午上课的状态，晚自习时也不会打瞌睡。但要注意，午睡时间不宜太久，否则，反而不利于下午保持清醒状态。

高三一年要保持正常的生物钟。如果必须在完成当天任务和按时睡觉中二选一，请选择后者，熬夜对接下来几天的学习状态都会有影响。大家可以根据自己的情况选择睡觉和起床的时间，但一定要规律。

关于锻炼。建议大家务必坚持上体育课，晚上可以利用晚自习课间跑步。我当时每天晚自习课间都会和好朋友绕学校跑两圈，跑的过程中聊聊天、吐槽老师布置的作业多，这不仅使我心情舒畅，还使我接下来的晚自习元气满满。

我建议大家运动，不仅因为适当运动有助于保持身体健康，还因为跟好朋友一起运动也可以让自己的心情放松，有助于提高学习的专注度。有的同学会利用体育课学习，我不建议这样做。一天到晚坐在课桌前学习其实会影响学习效率。

制订计划是为了更好地完成计划，因此执行力很重要。花了许多时间制订自己的学习、生活计划，最终却因为自身的惰性而无法完成，计划就是无意义的。每天晚上入睡之前看到自己计划的每一项任务被划掉，一定成就感满满。同学们一定能在探索中制订属于自己的、科学有效的计划，也愿大家都能进入自己心仪的院校。

北京交通大学余晓蝶：教你正确睡觉

高中学习任务重，但每天应尽量保持 8 小时左右的睡眠。睡眠太多会昏昏沉沉，睡眠太少则没有充足的精力。充足的睡眠是有效学习的保障，大家都要加以重视。下面由考入北京交通大学的余晓蝶为大家分享她是如何通过睡觉补充能量、获取学习动力的。

我“充电”的方式之一就是睡觉。高中三年，很多同学都缺乏睡眠，因此，我想讲一讲高中的睡觉方法和技巧。

我在高中的作息很规律，主要分为三部分：夜晚的大觉、午休的中觉、课间和考前的小觉。当然，如果这几觉没有睡好的话，很可能引发第四种觉：课上的觉。

在夜晚的觉，会受外在因素和内在因素的影响。第一个外在因素是物质条件，如床的空间、床铺的软硬程度、枕头的高低、被子的舒适度、空调温度的高低或风扇风力的大小等，这些都是可控的。例如，我一个室友的床上放了苹果、奶茶、手机、保鲜膜，我戏称她吃喝玩乐一应俱全。但是她床上杂七杂八的东西多了，用于睡觉的地方就小了，睡个安稳觉的概率也就小了。

第二个外在因素是人际环境。如果你住寝室，室友学习时的翻书声、写字时的沙沙声、台灯光亮，都可能使你无法安然入睡。如果你很容易被打扰，就试着和他们沟通，或者请老师帮忙协调。你也可以采取一些措施，如戴上耳塞隔绝噪音，戴上蒸汽眼罩营造睡觉的氛围，等等，这样有助于你快速入睡。如果你住家里，可能会有家庭争吵的声音、楼上孩子的哭闹声、楼下的麻将声等。这些问题要尽早解决，以免影响自己的睡眠，以致影响学习。

内在因素是我们的情绪和大脑的思考。当我们在一个狭小的空间里时，思维容易受到阻碍，负面情绪容易放大。晚上躺下后最容易思考一些乱七八糟的事情，如没算出来的数学题、难以弥补的友谊、没有提高的成绩等。在思绪万千时，我们通常会眉头紧锁。我们可以用手指轻轻地将眉头抚平，这样会感到些许平静。然后找一个自己最舒服的姿势，慢慢放松全身，想象自己是浮在海面上的一艘小船。最后找一个稳定的、有相同的频率声音，如机器运转的嗡嗡声，自己在心里给它配音，滴……滴……滴……这样很快就能睡着。

午休的中觉十分重要，会影响下午和晚上的学习效率。我习惯在吃完午饭后喝一杯牛奶，之后做一些简单的作业，再睡半个小时，然后起来做较难的作业。就我而言，午睡半个小时最适宜，既能休息好，又能防止自己进入深度睡眠。但是，午睡半个小时不一定适用于每一个人，大家可以根据自己的情况合理安排午休时间。

午睡时要谨防胳膊充血，还要做好腿部的保暖，然后找一个自己习惯的、舒服的、安全的姿势躺下，最好带上帽子。这样既能降低噪声的影响又有睡觉的氛围。

课间的觉，我觉得是最令人愉悦的觉，如果课间想睡，却怎么也睡不着，这时可以舒展眉梢，想象自己在打扫一间铺满落叶的房子。你拿起扫帚，把叶子从一个角落，一下一下地从对角的窟窿里扫了出去。此时，你会感到烦恼一扫而空，瞬间什么也不想了。

在考前，也就是起床后到 9:00 间，很多人会有考前综合征。他们坐立不安，也背不进去书。这个时候还不如好好睡一觉。睡前将之前背的东西在脑子里画一个树状图，画好了也就安心了；画不全也不要慌，说明画出来的你已经掌握了。醒来之后把画不出来的重点复习就好。

躺下，想象你缩小成了一个颗粒，正在循环下降的轨道里遨游，越转越深，然后，你就睡着了。

第八章

如何在学习中集中精力

天津大学房志豪：平心静气，日有所进

毋庸置疑，高中三年是人生中最重要的一段时期之一，有的人圆满充实地完成了这三年的学业，有的人却事后叹息、悔不当初。

我是房志豪，是2018年山东省高考文科毕业生，高考成绩636分，考入天津大学法学院。

我想谈一谈高中学习生活，希望能对同学们以后的学习、生活有所帮助。

一、心态

心态看不见、摸不着，但却对人们生活的各个方面影响巨大。想要有一个良好的心态，只需做到：平心静气，日有所进。

在高中生活中，能够引起同学们心情波动的因素很多，如老师的责怪、同学间的矛盾、家庭的纠纷、考试的失利等。不论是哪种因素导致心态波动，都会使学习效率急速下降。

如何一直保持一个良好的心态？我通过和同学交流及自己摸索，将方法大致总结如下。

一是发泄法。心态的波动是不可避免的，我们能做的就是将不好的情绪发泄出去，让一切烦恼远离自己，方法有：和挚友哭诉、与老师交谈、到无人的湖边大吼一声、买一堆自己喜欢的零食大快朵颐、找心理咨询师等。

二是无视法。在三年的高中生活中你会遇到很多烦恼，可能是与某

个同学发生矛盾，也可能是学习成绩下滑。如果这些与你的学习、生活没有太大关系，不妨无视它。与有矛盾的同学悉心交谈一次，如果还不能解决，那就不再与他接触。感觉没考好，那就把成绩单放在一边。成绩单只是用来展示我们近期的学习成果，只要不是高考，成绩并不能真正决定什么。

二、生活

我高中时就读于一所全日制寄宿学校，每两周可以有一天的假期，所以一年中我生活最多的地方就是学校。我们学校在时间安排上很紧凑。

每天清晨 5:20 起床，5:40 到教室上早读，6:30 吃早饭，7:00 开始第一节课。中午 11:50 吃午饭，12:25—13:50 是午休时间。14:00 开始下午的课程，17:40—18:20 为晚饭时间。18:30—21:55 为晚自习时间，22:15 熄灯睡觉。一天时间安排得满满的，几乎找不到可以自由支配的时间，甚至洗澡、洗衣服、上厕所都要见缝插针、争分夺秒地找时间去做。

如何才能兼顾学习和生活呢？其实很简单，那就是：掌握自己独一无二的生活节奏。将生活与学习结合起来，如今天要洗衣服，但是时间不够，那就在今天将学习任务适当地减少一些，放学后以最快的速度回到宿舍洗衣服。将每天的生活与学习任务分级，优先完成更重要的任务。

总的来说，学习、心态、生活是构成高中三年的骨架。

每个人的经历都是不同的，但经验是可以互相吸取的。每个人都是独立的个体，我们一定要取他人之长补己之短，找到最适合自己的一条道路。

清华大学华子评：最好的态度是专注

我是华子评，2009 年考入清华大学，总分 410 分（语文 150 分，数学 148 分，英语 102 分，历史 A+，政治 A，6A 加 10 分）。在自主招生期间，很多低我一届的同学向我请教经验。有的同学让我推荐好的资料，也有同学会咨询一些不可控的客观问题，如录取率多少，面试官是否严厉，等等。我不太喜欢回答这样的问题，因为无法回答。每年的录取率会受当年考生人数、试题难易度等客观因素的影响，而这些因素都是不可控的。大家与其浪费时间在不必要的担心上，不如专注于学习。

高三是中学时代的最后阶段，是高考前的“黄金时光”，我们应该专注于学习。在备战高考时，我除了去听学校为我们这些保送和自主招生的同学举办的“考情讲座”“考试指导”，我并未到处寻求所谓的“经验”，只是专心地执行自己的学习计划。而在学习疲倦时，我会看自己喜欢的书和电影、听音乐、和同学聊天。

当时，许多人都说清华大学自主招生的考试很难，因此，我的父母、老师忧心忡忡，我却丝毫没放在心上。

讲这些是想让大家认识到，越是在重要的时刻，越要静下心来做自己的事情，相信自己的实力，相信脚踏实地的努力会有回报。我的亲身体验是，当看书或做卷子足够全神贯注时，外界的一切喧闹都会充耳不闻。我真正地沉向自己思维的深处，脑子里只有当下思索的题目或书本上的字句，什么声音都听不见。那时的效率最高，记忆效果最好，做题的正确率也最高。

我还记得当年参加江苏省小高考的那两天，南京的天气不好。生物考试途中电闪雷鸣，下起瓢泼大雨，老师还提醒大家把试卷压好以防被风吹乱。当我走出考场时，雨停了，地面上的积水深到脚踝。我非常惊讶，因为无论是雷声还是闪电，我在考试时都没有注意到。只是考试过程中感觉越来越舒服，思考的劲头越来越足，完全沉浸在自己的世界里。可想而知，这次考试结果很令我满意。

从现在起，你可以试着专注于自己的事情。当你写作业或者做课外阅读时，尽量专注，也许一开始很难做到，但是长期坚持下来，你的头脑会变得更加灵活、思维会更加发散、注意力也会更集中。当你驰骋于运动场时，要尽情地流汗，使身体在运动中释放活力，这时千万别惦记自己将要做的作业。当你看电影、听音乐或进行其他娱乐休闲活动时也是一样的道理。总之，无论做什么都要全身心地投入，只有这样才会有更愉快的体验。

下面讲一下如何在学习中集中注意力。在学习中，成绩优秀的学生注意力常常很集中；而成绩不太理想的学生常常分神。可见，注意力是影响学生学习成绩的重要因素。

注意力是促使学生学习的一种积极因素。在上课期间，很多学生会出现注意力不集中的现象，如东张西望、打瞌睡等，或者表面上不乱说、乱动，然而目光呆滞，人在教室，心飞千里，想一些与学习无关的事。

长时间的注意力分散很可能导致学生对学习缺乏兴趣，不善于支配自己的行为，做事情三心二意、半途而废、容易失去耐心等。而这些不仅是学习上的问题，也会影响到生活。

注意力作为学习的重要条件，是可以通过训练提升的，具体有以下几种方法。

一、培养识别重点内容的习惯

我们不论是听课、读书，还是做作业，都要综合分析和比较，通过思考识别所学内容的重点、本质。思考的过程不仅能使注意力集中，而且一旦识别出重要的与一般的内容，可以加深对知识的认知，还会产生愉快的学习体验，使注意力更持久。

训练自己的注意力，一方面要将注意力集中于注意对象不断发展变化的各个过程，另一方面要注意不同过程的相互联系，同时还要区分出主次、轻重、缓急。有的心理学家指出，在具体训练中应做到：从次要的东西中分出主要的东西，并把注意力集中在主要的东西上。在每次活动或上课时，都要分析内容的主次，注意重点内容。

二、避免外界干扰

培养注意力的可靠方法是训练自己在各种环境下都能专心学习或工作。即便周围环境嘈杂，你也能泰然自若地沉浸在学习中。我们在学习时，要有意识地集中注意力，有意识地排除其他因素的干扰。毛主席青少年时期为了锻炼自己的注意力，就常到繁华闹市读书，而且能控制自己不受周围环境的影响。

三、加强自信心

是否能集中注意力，信心是关键。无论环境多么嘈杂，我们都要静下心来，相信自己能够集中注意力，能够全神贯注地学习。我们可以试着对自己说："我能够集中注意力，能够认真听课！"如果没有信心，主观上认为自己不能集中注意力，那么，也就不会刻意地调整心态，也就做不到全神贯注、聚精会神。

四、心情平静

情绪稳定有助于我们保持良好的心理状态，从而将精力、注意力集中在学习上。因此，在注意力集中之前，要先使自己的心神安定下来。有人说："只要能静下心来，就等于集中了一半的精力。"反之，一个心情焦躁、烦闷的人，要想集中注意力是很困难的。

五、自我奖励

在学习时，我们可能会分神，会思考一些无关紧要的问题，如下课后去哪里踢球或星期天去哪里郊游等。一想到这些自己感兴趣的事情，大脑就会兴奋，注意力就会分散。若运用恰当，把这些想法当作自我奖励的内容，以激励自己聚精会神地学习、很好地完成任务、达成学习目标，然后有计划地、尽情地玩，这样也有益于注意力的训练。

注意力是学习的窗口，没有它，知识的阳光就照射不进来。这句话生动地体现了注意力对于学习效果的重要性。希望大家可以借鉴我的经验，在接下来的学习中提升自己的注意力，提升学习效果。

第九章

如何记笔记

清华大学于思瑶：如何用好笔记、做好复习

整理复习，是学生对已学过的知识和技能归纳整合的过程，有查漏补缺的作用。整理复习不仅要达到巩固知识、提高解题能力的目的，还要使知识条理化、系统化，形成一个纵横交织的知识网络。复习要立足于提高我们的思维能力、灵活运用综合知识的能力。因此，整理复习是学习过程中的一个不可缺少的环节，是巩固深化知识、培养能力的不可忽视的重要途径。

我是于思瑶，高考考入清华大学。接下来，我将就如何记笔记、如何利用笔记复习做具体阐述。想要达到较好的复习效果，笔记是很重要的工具。著名的艾宾浩斯遗忘曲线告诉我们，在学习中遗忘是有规律的，遗忘的进程很快，并且先快后慢，如图 9-1 所示。

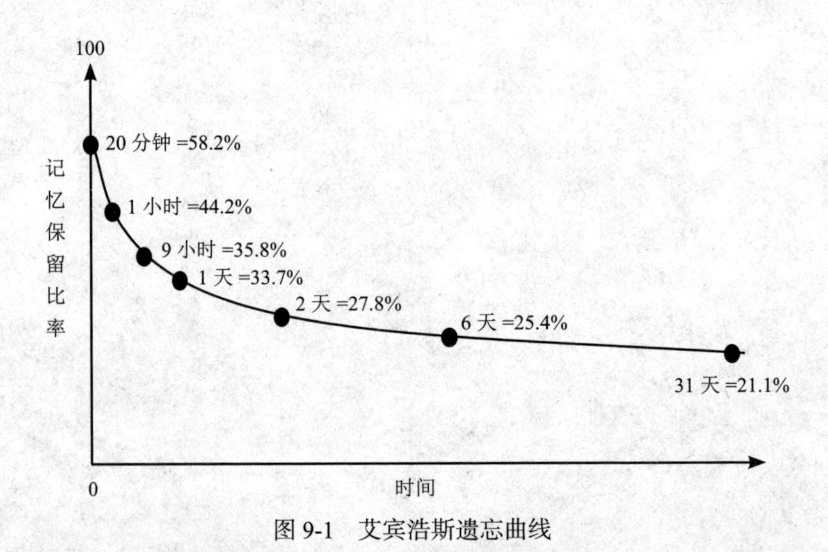

图 9-1　艾宾浩斯遗忘曲线

课后做笔记是学习的重要环节，知识的梳理离不开归纳总结。归纳总结的目的是把课本上的知识、老师讲的知识，和自己原有的知识融会贯通，独立地消化、吸收。要深入思考：没有完全理解的，或不理解的，要进一步弄明白；已经理解的，要加强巩固。

复习笔记的类型大致可分为课后归纳总结、单元归纳总结、阶段归纳总结、期终归纳总结。

课后归纳总结。通过阅读教材、整理笔记、做习题牢固掌握新授的知识。

单元归纳总结。抓住单元知识主线，理出知识要点，根据自己的知识基础，有针对性地解决一些疑难问题。然后进行归纳整理，以在头脑中形成一个知识系统。

阶段归纳总结，即在完成几个单元学习后进行系统归纳总结。可选定自己在学习中感觉难点较多的章节作为复习的重点，找出问题、解决问题、归纳总结，这样复习巩固就会很有成效。

期终归纳总结。归纳总结、复习巩固时以基础知识、基本概念为重点，在牢固掌握基础知识、基本概念的基础上，各章节选做一些典型的练习题。然后，对本学期所学的知识进行归纳、整理，使之系统化、条理化，使前后知识融会贯通。

既然笔记这么重要，那我们要怎样记笔记呢？

一、用思维导图整理，使知识条理化、系统化

思维导图整理的过程，是将课本变薄的过程，可使知识结构化、条

理化、系统化。在复习中，要针对重点、难点知识，把有关知识、概念做纵向、横向串联整理，使知识点“竖成线”“横成片”，达到知识脉络一目了然的效果。将所学的知识用思维导图的形式呈现出来，既直观又清楚。例如，对几何图形的整理，用思维导图的形式把几何图形分为线、平面图形、立体图形，再根据点、线、面的关系理解几何图形的内在联系。

二、用一题多解的方法，开拓解题思路

我国著名数学教育家姜伯驹曾多次强调，应该在教材和教学过程中注入数学思想，发挥数学思想方法的作用，培养应用意识和能力。可见，培养学生思想很重要。

一题多解可以启发学生用不同的思路解决同一个问题，有利于激发学生学习兴趣、拓展学生思维发散能力。一题多解训练的目的，不是单纯的解题，而是使课本“由薄到厚”，不只使学生知道所以然，还要使学生究其所以然。如果我们只满足于一般的解法，就无法打开多种思维，只有探求更多的解题思路，发散思维，才能活跃思想。

三、要及时归纳总结

及时复习的作用在于，可加深对学习内容的理解，及时巩固，防止快速遗忘。学过即习，方为及时。我们尽可能地做到当天学的知识当天复习，即上午学的下午复习，下午学的晚上复习。这样做不仅能加深记忆，还能培养主动思考的好习惯，从而变被动学习为主动学习。

通过复习还能明确做作业的目的，提高做作业的效率，使做作业成为体验成功、增加成就感的过程。做作业前，把老师讲过的内容回忆一下，就能使我们明白这一节课的重点是什么，也能促进我们对相关知识的掌握。在做作业时，就能更加得心应手，也可以此验证自己对知识的掌握程度，便于更有针对性地查漏补缺。

整理复习笔记是实现知识由“繁而杂”向“少而精”转化的好方法。做得好，可以把厚厚的一本书变成薄薄的几页纸，把一个复杂的专题变成一张系统表，把容易混淆的概念或不易记忆的内容变成清晰的导图。总之，就是把书上密密麻麻的文字变成有条理、系统化的笔记，如果再使用彩色笔标记各种特殊符号，就更容易理解和记忆了。有了系统的复习笔记，时常拿出来翻阅，可以起到巩固重点、强化记忆的作用。系统的复习笔记体现了我们的知识整合能力、逻辑思维能力，也为复习提供了很有价值的资料。

中国人民大学赵翀：如何高效记笔记

我是赵翀，我的笔记曾借给清华大学的学霸，并得到了他的称赞。因此，我觉得我记笔记的相关经验还是值得分享的。

我在高中阶段主要有三种笔记：一是课堂笔记；二是改错本；三是备考笔记。下面就分类介绍三种笔记的不同记法。

一、课堂笔记

课堂笔记的重点是内容。同样都是结合教材记录老师讲解的内容，有的学生记的笔记多达数页，有的学生只记了简单的几个字。同时，有的学生觉得课堂笔记就是复制老师的板书，既没有自己的标注，也没有老师强调的重点。而老师的板书通常是对教材重难点的总结，对于教材的延伸和易错点的强调可能仅是口述而已。如果仅记老师板书的内容，不知不觉中你已经少记了很多重要的知识，如果记忆力不好，很可能过几天就忘记了引申的内容。因此课堂笔记非常重要，直接决定了你对知识点的掌握和理解程度。

我认为记录课堂笔记，引申内容重于板书内容。这就要求我们上课听讲时全神贯注，跟上老师的思路，把握好重难点。课前的预习对此一定有帮助，没来得及预习的同学，至少上课前大体看一遍书，这样上课时就可以把关注点更多放在老师的讲解上。在记录老师讲解内容的同时，最好记一下老师举的例子，尤其是例题，很多时候老师会一题多解，除了课本上的解法，也会给出其他思路。我们可以先记录下来，等课后复习时再消化。这样不仅加深了对该题的理解，而且拓宽了解题思路，而后的综合题解起来也会容易很多。

除此之外，也要注意及时补充笔记，一个同学记录了 70% 的内容，那么两个同学综合一下可能就是 100%。下课后可以和同学交换笔记进行补充，共享知识带来的是两个人的进步，如果你总担心自己的成果被他人窃取，故步自封，那么，你的笔记可能只有 70% 的内容。

二、改错本

改错本用来积累平时的错题，而不是为了应付老师或者家长的检查。虽然高中科目繁多，改错会占用很多时间，但是磨刀不误砍柴工，这些点滴积累的作用是巨大的。首先，什么样的题需要整理到改错本上？课后习题、作业题、课外练习题、考试题中，可能有很多错题，把错题全部整理到改错本上显然是不明智的。那么，选择合适的题整理就尤为重要。

一般情况下，我会首先选择同类型错题。如某个知识点错的比较多，那么要从错题中选择较为典型的一个进行整理。其次是整理一些不常见的题，如新题、需要巧妙方法解答的题等，这些非常规的题再遇到的可能性很低，也不太容易掌握，而再次错误的可能性很高，因此需要二次复习来巩固记忆。最后必须整理的是小测验、章末测试、各种大型考试中的题目，这些题目比较典型或者综合性比较强。这些题出现错误的极大可能是平时没有完全掌握，更加需要巩固复习。

虽然很多同学觉得考试失利与马虎相关，但是马虎就是不熟练导致的，如一个人很难算错“1+1=2”，因为这已经是一种思维定式，不存在其他答案，也不存在马虎。同理，当你足够熟练时，马虎的概率也会极大地降低。而改错就是熟练的过程，每天更正、整理 1 道题，一个月是 30 道题，那么期中考试或者期末考试时，你就会有 60 ～ 120 道错题可以复习，而且这些题都是易错点、重难点。考前有针对性地复习，熟练程度大大提升，考试时自然游刃有余。

三、备考笔记

无论是数学、物理这种逻辑性强的学科，还是化学、生物这种记忆量大的学科，考前复习都是重中之重，而考前复习不仅是看书而已。对于大型考试，如期末考试、高三模拟考等，考前复习至少应包含三个阶段：知识点整理、重难点改错、针对性训练。备考笔记就是知识点整理的过程，有的学生觉得自己将书或者讲义看一遍就是整理，对于记忆力好或者基础特别扎实的学生而言，这当然可以，既复习全面，也省时省力。但是对于一些记忆力较差、基础不太扎实的同学而言，“好记性不如烂笔头”可能更实用一点。

拿出需要复习的书和讲义，先完整看一下，可以用荧光笔标记重难点，然后找一个普通的笔记本，或者直接用改错本，将重难点或者自己一直没有记住的知识点整理下来。这个过程可以加深记忆，同时抄写的过程会更关注语言文字本身，对于一些知识点可能会有新的理解。整理好之后再看一遍错题，如果能针对这些没有完全掌握的知识点进行专门的改错复习，效果就会更好。最后再适当做一些综合训练，查缺补漏，复习就会很完备了。

以上就是本人记笔记的方法以及笔记中应该记录的内容，希望能帮助同学们形成自己的记笔记方法和学习习惯。

清华大学李一诺：有效利用错题本

我要分享一个老生常谈的话题——刷题。估计大家一想到数学，脑海里最先出现的就是“刷题”这两个字。我是李一诺，高考考入清华大学，下面我结合我数学提高 42 分的奋斗史，分享我数学刷题的经验。

一、刷什么题，怎么刷题

第一，刷什么题。首先，要刷高质量的高考真题。高考真题值得我们反复钻研，以了解命题趋势和出题人的意图。其次，刷各市区的模拟题。

这些模拟题可以用来做量的积累，以拓宽思路。但切忌钻牛角尖，因为模拟题不像高考题那么严谨。最后，刷高质量的套卷。在没有高考真题和模拟题时，可用套卷练手，以保持做题的熟练度。

第二，怎么刷题。在学习新知识时，我建议从易到难，有针对性地大量刷题；而在考试前，我建议全真模拟。如考试试卷有 14 个填空题，在模拟时，我用一小时做完 14 个填空题，然后批改。全国卷的同学们也可以像我这样给要做的题规定一个时间，做完后批改，甚至可以适当延迟一天批改，这样更接近考试情况。我们可以通过不断模拟适应考试的节奏。

二、用错题本做总结

大量刷题之后需要总结，最好的总结方法就是将错题整理在错题本上。很多同学会在错题本上抄题、写错误答案、写正确答案，但我觉得这远远不够。

在我的错题本上有题目、正解、误解，在最边上的一小栏，我用不同颜色的笔写总结。我认为总结才是最重要的，如我总结的错误原因有把问题想得太简单、忘记取等。还可以总结做题的思路，如先定位，然后先猜后证。有时我还给自己出变式，如 (1，m) 的区间，我发散成 (1，2018) 的区间。但千万不要形式主义，或为了美观而浪费时间，这样得不偿失。

可以采用进阶错题整理法——把题目归类。不仅按考点分类，而且进一步根据解法、思路进行分类，以方便复习时回顾。

我强烈建议用活页本做错题本。活页本的纸可以取下来书写，非常方便。而且，有的活页本还会有专门的分栏工具，我们可以按大类来分栏，如解析几何、向量、函数等。

三、及时回顾错题本

整理完错题本不是学习的最终目的，我们要经常回顾复习错题，将知识掌握牢固，否则，随着时间流逝，知识将会被忘得一干二净。这也是艾宾浩斯遗忘曲线在学习中的体现——如果在学习之后及时复习巩固，并不断增加复习的次数，短期记忆就会渐渐变成长期记忆；反之，新学知识就会被很快遗忘。

四、重视书写规范

除了用好错题本，我们还要注意书写。书写被很多人忽略，尤其是数学尖子生或竞赛选手，他们的字迹有时非常潦草。平时改试卷时，老师可能会因为结果正确而忽略我们的书写，但高考是电脑阅卷，且老师们阅卷的速度非常快，若是你字迹潦草、很难辨认，那么就会给阅卷老师留下一个很差的印象，可能会使你丢掉卷面分。怎么解决这个问题呢？不要求字体娟秀俊逸，但是要写得清晰、工整。

如果成绩不好，就迎难而上。我从来不怕困难，但我怕自己因畏难情绪而软弱逃避。我永远不会忘记最后那段奋力拼搏的时光，希望你们在备战高考时，也能有这样的劲头。

第十章

如何让成绩逆风翻盘

清华大学于思瑶：克服薄弱学科，实现成绩提升

相信无论是总体成绩很突出的同学，还是总体成绩一般的同学，都会面临偏科问题。弱势学科经常是同学们学习成绩提高的障碍，很多学生和家长都对此感到困惑、迷茫，不知道如何破局。相信大家都听说过“木桶效应”。一只水桶能装多少水，并不取决于最长的那块木板，而取决于最短的那块木板。一只木桶想盛满水，必须每块木板长度一致且无破损，如果这只桶的木板中有一块短板或者某块木板有破洞，那么这只桶就无法盛满水。学习也一样，我们应该找到自己的短板并积极弥补。

下面是清华大学于思瑶分享的她的学习经验（关于她的学霸战绩已在本书的第二章具体介绍，在此不再赘述）。

我在初、高中学习成绩一直名列前茅，但和各位同学一样，我也曾受到过弱科的困扰。我从高中开始，英语和其他学科比起来一直相对较弱，甚至一度在班级内单科排名倒数。英语成绩严重影响了我的总成绩。那我是怎么应对薄弱学科的呢？接下来讲述我提高英语成绩的方法，希望能对大家有帮助。

面对弱科，我们首先要克服对于短板的畏难心理，加强自信心。相信很多同学都曾因某门学科成绩长期不理想，学习中也没有掌握正确的方法，而导致自己对这门学科失去信心。在这种情况下，首先要做的就是走出自己的心理困境，加强自我认可，提升自信心。

在有了学习信心之后，具体该怎么提升弱势学科呢？在决定要加强英语学习后，我也因不知该怎么开展学习而陷入了困惑，面对这么多的知识点和题型，想一次性迅速解决是不太可能的。我选择了向老师寻求帮助。老师看到我想要提升英语的决心后，很是欣慰。

在分析过我的考试成绩和几次考试的试卷情况后，老师指出我目前英语学习中存在的主要问题：基础知识掌握不牢，知识点漏洞较多；没有掌握答题方法。针对以上问题，老师建议我从当下的学习入手，在保障当前学习进度的情况下，加强回顾以往的知识点，以免影响其他学科的学习。对于答题方法，重要的是加强习题训练，在做题中寻找答题方法。老师建议我做往年的高考真题，因为高考真题出题规范，有利于夯实基础、总结答题规律，从而形成自己的答题方法。

在老师对我进行学习指导之后，接下来我需要合理地安排时间，科学学习。在繁忙的学习生活中，时间总是不够用的。“没时间”是很多同学经常挂在嘴边的一句话，但是想要在学习成绩上有所突破，关键在于时间的积累和单位时间内学习效率的提升。对于学习时间固定的情况，既然想增加英语学习的时间，就必须对自己整体的学习规划、时间计划进行调整。

在高二的暑假中，我每天坚持做一套英语试题，每天从错题中积累单词、短语，总结答题方法。在开学的考试中，我的英语成绩有了很大提升。但是由于开学后也要学习其他学科，我在英语方面付出的精力少了，导致英语成绩下滑，一度回到最初的水平。这样不理想的成绩给了我很大打击，明明坚持了一个暑假的强化训练，为什么却不见效果呢？

我逐渐明白对于薄弱学科的学习需要坚持，并且要安排好各个学科的学习时间，需要在平均分配的基础上对薄弱学科有所倾斜。所以，下学期开学后，我继续向老师请教，结合自己的学习情况制订学习计划，按照学习计划按部就班地进行。在习题训练中积累答题方法，将方法应用于实践。同时，不断积累基础知识，弥补自己的知识漏洞。到了高三，我的英语成功脱离了弱势学科，并且一跃成为优势学科。最后在高考中取得了 140 分的成绩，没有拉低总成绩。

通过我提升英语的经历，我想告诉大家：当你面对自己的薄弱学科时，不要畏惧，不要灰心，要相信办法总比困难多，通过自己的坚持、努力，再加上方法合理，一定能克服困难。时间安排要在一定程度上向薄弱学科倾斜，但不能在提升弱科的同时使其他学科成绩下滑。希望大家都能像我一样把自己的薄弱学科变成优势学科。

北京大学白思雨：用一年时间从倒数实现逆袭

我是白思雨，于 2015 年考入北京大学国际关系学院。我将给大家分享我从成绩倒数逆袭考上北京大学的故事。我的高考成绩是 642 分，其中数学 147 分，英语 146 分。而从成绩倒数到考上北京大学，我只用了一年的时间。

一、贪玩导致成绩倒数，痛苦带来反思

我从小就不是传统意义上的好学生，在性格方面说得好听点是活泼，

说得直白点就是贪玩。高中时，自认为反应比较快，所以学习上得过且过，对于老师的一些劝告总是不以为然。上课时，思想总是“神游万里”，作业也是能逃避就逃避。我一直为自己的“小聪明”沾沾自喜，成绩虽然也过得去，但距离上名校还是有很大差距的。

真正让我醒悟过来的是高三刚开学的那场模拟考试。那次模拟考试的目的是摸清学生两年以来的学习情况，以便在高三的复习中能更有针对性。

有因必有果。我两年来的放纵在那次考试中狠狠地教训了我，全班50多名同学，我考了47名。同学们都热烈地讨论着考试题目，而我坐在座位上，看着成绩单，恨不得地上有个洞钻进去。那鲜红的分数深深地刺痛了我。

那天晚上，我一个人坐在学校的走廊里，想了很多，很多……

首先，我反思了自己在高一、高二的所作所为，深刻地意识到我只能从自己身上寻找原因。

其次，我问自己：你的目标是什么？你甘心去上一个二、三流大学，毕业之后在社会上混日子吗？你不想进入顶尖名校，给自己一个更好的未来吗？世界上最伤心的事情，不是“我不能”，而是“我本可以”。我一直希望自己能够进入名牌大学，充分发掘自己的潜力。于是，我在心里制订了一定要进入名校的目标。

最后，我告诉自己，为了实现目标，我别无选择，只能背水一战，奋力拼搏。距离高考仅剩不到一年的时间，我到底能取得多少进步，其实我心里也没底。但我没有退路，也没有犹豫的余地，只能咬紧牙关走下去。

二、向着目标一步一步前进

那一年的时光是苦涩的，也是甜蜜的。苦涩是因为学习的辛苦、心理的负担，以及对未来的迷茫。而甜蜜是因为这种一心朝着目标而奋斗的日子单纯而幸福。

很多同学都问我：到底应该怎么做，才能在一年的时间里从倒数进步到全班前几名，最后进入北京大学？从我个人的经验来说，要从以下几个方面入手。

（1）精确分析自己的问题，找到自己的不足，做到有的放矢。当我们面对很差的成绩时，不要沉浸在失败的痛苦中，而要进行反思。例如，自己哪一门或者哪几门学科出现了问题？在这门学科中，哪些知识点没有掌握？

我当时自己浏览了一遍试卷之后，带着试卷去找了每一科的老师。我鼓励每个同学都这么做，也许你会觉得难堪、不好意思，也许你担心老师批评你。但是老师拥有这么多年的教学经验，练就了“火眼金睛”，能够一眼就看出你的问题所在，给你更有针对性的建议。即使老师批评你，也是为了你的未来着想。各科老师在看过我的试卷之后，都耐心地指出了我存在的问题。

在自我反思和请教老师之后，我清楚了自己的问题所在，也更明确了之后的努力方向。

（2）从小到大，很多人都告诉我要勤奋、努力。进入北京大学后，我更加明白努力的意义。全国各个省份顶尖的学生云集北京大学，这里的学生没有最优秀，只有更优秀。进入北京大学的同学，可能都依靠天分 + 努力 + 运气。其中，运气占比最少，并且是我们无法把控的。天分，除极少数有天赋的同学外，包括我在内的大多数人都是普通人。而我们唯一有自主权的因素就是努力。

因为我高一、高二的不努力，导致我和同学们产生了很大的差距。为了弥补自己之前落下的功课，我付出了很多努力。

那时早上六点多起床，晚自习下课后还要学习到深夜，每天只睡四五个小时。上课听不懂的，我就记下来，课后去请教老师和同学。中午去食堂打饭需要排队，我觉得浪费时间，就在教室一边吃泡面一边看书。有一天吃饭时突然觉得身体不适，去了医院，医生说我因为长期饮食不健康得了慢性肠胃炎。经过一段时间的努力，我的成绩渐渐有了起色，从倒数进步到 30 名，慢慢地又进步到 20 名。看到自己的努力有了回报，我发自内心地高兴。

我讲这些，不是希望大家像我一样努力，而是希望大家能够尽早意识到努力的重要性。如果我从高一就全力以赴，那肯定能顺利考出高分，而不用走弯路。同时，我想告诉你，你付出的每一分努力都不会辜负你，你一定会在之后的日子看到自己一点一滴努力的成果。

（3）总结自己的学习方法，科学、高效地学习。世界上没有两片相同的叶子，也没有两个完全一样的人。每个同学都有自己的特长和学习特点，也有自己的习惯，所以每个人的学习方法都是不一样的。我们要在认清自己的基础上，吸取别人的经验，总结出自己独到的学习方法，以便自己更加科学、高效地学习。

下面我跟大家分享我在数学方面的学习心得。

数学曾经是让我感到头疼的学科，总是达不到班级的平均分。但我高考考了 148 分，离满分只差 2 分。要想提高数学成绩，我认为以下几点特别重要。

首先，上课一定要集中注意力，这是最核心、最重要的部分。很多同学上课时总喜欢做自己的事情，看起来好像走了捷径，殊不知这其实是本末倒置。因为老师会在课堂上讲很多定理和解题的思路，如果你不认真听，课后自己去钻研是非常困难的。在课堂上一定要跟着老师的思路走，这会让你受益匪浅。

其次，脚踏实地，打好基础，切忌眼高手低。大家在面对数学时，常常会陷入一个怪圈——总是花费很多时间攻克难题、偏题，而对于最简单的题目，往往不屑一顾。但是根据我对高考试题的分析，如果同学们能够把所有的基础题、简单题做对，至少能得 135 分。高考是一个在难度上有梯度的考试，难题只占了很小的比例，而难题中其实汇集了很多个简单的原理，因此不能忽视基础。如果忽视基础，在考试时就会犯很多简单的错误。这些分数的失去是很可惜的，也是完全可以避免的。

最后，数学一定要刷题。除了刷题，还要学会总结错题。高考除了考查你对知识的掌握，也考查你应用知识的熟练程度。在一个限时的考试中，为了取得高分，平时的练习必不可少。我强调刷题，但反对题海战术，要学会聪明地刷题。做完题之后，要及时总结错题，避免之后再犯类似的错误。如我会将错题按照“圆锥曲线”“三角函数”等知识点分类。同时，对一道题，我会尽可能多地总结做题方法和思路，用不同颜色的笔标注出来，这样后期复习时会更加一目了然。

三、圆梦北京大学

经历了跌倒、爬起、努力的过程后，我每次考试都在一点点地进步，终于在高考中取得了理想的成绩，成功地进入北京大学。在进入北京大学后，我见到了一个更广阔的世界。

只要从现在开始努力，没有什么不可能。我衷心祝愿大家都能圆梦名校，取得成功。

郑州大学刘艳粉：认清自己，有效地处理人际关系

我是刘艳粉，是2016年参加高考的河南文科生，高考成绩572分，超过一本线60多分，就读于郑州大学文学院汉语言文学专业。

备战高考期间，我也曾对学习充满了迷茫和困惑，不知道如何才能进步。高一、高二两年，我没有科学的学习方法，只是一次又一次地应付考试。我一直稳居年级后50名，做了两年班级倒数5名组成的“敢死队”队长。直到高三，我才摸索出了自己的学习方法，在高考中，我终于在年级1200名文科生中以第20名的成绩脱颖而出。提高学习成绩的过程充满了痛苦和挫折，但我都孤独地承受了。

学霸有学霸的学习方法，“学渣”也有“学渣”的学习技巧，不同层次的学生应运用不同的学习方法、制订不同的学习计划，唯有如此，才能少走弯路，快速实现目标。

一、认清自己

在高一、高二两年里，大家都在马不停蹄地学习新的内容，有的学生接受能力强，名列前茅，而有的学生接受能力弱，学习很吃力且收效甚微。我属于后者，我高中前两年很努力，但是什么都学不会，每门学科都在四五十分。如果你也这样，我想请你放下不优秀的过往，因为抓住自己的失败不放只会增加学习压力。无论你之前的学习成绩有多糟糕，现在都只需为以后着想。在正式变优秀之前，请先认清自己的真实能力，看到自己的优点，了解自己的兴趣。

就我自身而言，由于完全学不会数学、物理、化学，因此我选择了文科。我的数学很差，高中前两年一般都在 40 ～ 70 分，成绩经常在班里倒数。在黑板上做题总是被同学笑话，作业基本上是抄同桌的，老师自然对我不上心。高一、高二两年是我学习生涯的低谷，我从未松懈，却迟迟未见回报，因此我特别自卑和悲观，但我没有放弃自己。

我家是农村的，经济条件不是很好，因此我从六年级毕业开始就半工半读，对我而言，学习是副业，我从不重视学习，因此基础不牢固。

高中阶段，我明白了知识能改变命运，因此我开始重视学习。然而，我发现无论我怎样努力成绩都不如别人。成绩越差我越抑郁，而越抑郁越容易在学习时分神，导致成绩越差，我就陷入了这样一个死循环里。

既然能考上高中，也就证明你们有较强的学习能力。

学习始终是你一个人的事情，你的态度直接决定了你人生的方向。不要怕浪费时间，每天睡觉前躺在床上或者每次考试后留出一段时间，给自己写一封信，和自己聊一聊内心的想法和计划，认清自己目前的处境，反思过去的失误，鼓励自己继续前进。你可将自己感兴趣的一门学科或者一个知识点作为敲门砖，叩开你潜心学习、懂得学习和热爱学习的大门。

二、处理人际关系

进入高三以后，你们要调整自己的人际关系，要学会享受孤独。尽量不参与群体性的聚餐和游玩，学会拒绝各种与学习无关的杂事，如出去买零食、一起看小说、长时间闲聊等。我不是要求大家互相孤立、针锋相对，而是因为人际关系越简单，越有利于你专注学习。保持心态平和，充分利用每一分钟，不要让任何与学习无关的事情打乱了自己的学习计划。

三、学习经验介绍

我是文科生，因此我只介绍语文、数学、英语、政治、历史和地理的学习经验。

1. 练字

在进行分学科介绍之前，我想先讲一下练字的重要性。如果你现在学习成绩处于下游，学习又没有什么动力和方法，请你赶紧下功夫练字。练字是提高分数的捷径，这种方法没有任何风险，且很实用，也是关乎一辈子的大事。在大学，字写得好的学生更容易进入学生会或者当选班干部。练字不是一种学习负担，而是一项休息、娱乐活动。下课期间或做题厌倦时可以拿出字帖写一写。练字和背单词一样，可利用碎片时间进行。除了描字帖，还要在把名言警句和优美语句抄入摘抄本时，或平常做题时严格要求自己按照字帖上的标准进行书写。事实证明，在我练字后，语文、英语作文和文综分数都有五六分的增长。

2. 数学

我的数学比较差，基础不好，高一、高二都在 70 分以下：选择题和填空题连蒙带猜；后面的大题，试题简单时会做第一道和后面几道的第一问，试题较难时大题基本空白。但高考时，我数学考了 119 分，成绩有了大幅度的提高。那么，我是怎样学习的呢？

首先，我清楚自己的能力，只能做简单题和基础题。在频繁考试之余，我通读了课本，把课后习题仔细做了三遍，把运用到的数学公式总结起来背熟，每次考试之前都拿出来背几遍，确保简单题做对、公式写对。做到这些，我就至少能拿到 70 分。而在平时的学习中，对于不会的题，我会大胆请教老师和学习好的同学，他们都会给予我帮助。

其次，准备错题本。把自己在考试中不会的和做错的题都抄在上面，按题型归类，细化到每一个公式考查的方式和角度。我高三时记了厚厚的四大本笔记，包含了近 80% 的错题，每次有时间或者同题型题出现时就翻阅一下，看得多了，做得多了，就有了手感，蒙都能蒙对。

最后，整理做过的数学试卷。请保留每次联考的试卷及对应的答题卡，把考试试题归类整理。看错题本时，你必定仍有很多不会做的，不妨找到之前的试题，重新审题。做过的试卷要再做两遍，第一遍是更正老师讲解的错题，第二遍是研究出题人的出题角度。常做之前的试卷既能检查自己是否真正掌握了某一知识点，也能在各次考试中看自己成绩的变化，及时查漏补缺。提高数学的过程很艰难，有可能花费大量的时间却收获甚微，但对于基础不好的学生而言，多考一分都是进步。而且我们只要求自己做好基础题，所以不要害怕。

在大题方面，要求自己必须做对前三道题。因为这些题比较简单，要保证步骤完整、思路清晰、卷面整洁，不要乱涂乱画。后面的大题要做好第一问，第二问能写多少就写多少。如果不确定计算结果，千万不要写出答案，老师是按步骤给分的。如果遇到能猜出答案的情况，省略一两个步骤直接得出答案，老师只会扣两三分，甚至不扣分。这种方法风险大、收效高，自己量力而行。努力了就会有收获，在最后两个月的模拟考试中，我最好的数学成绩是148分，总成绩班级第一，年级第六。

3．语文

语文成绩很难拉开差距，必考古诗词要背过并能默写，要在选择题和作文上多下功夫。偶尔看《老梁故事汇》或者杂志，可以积累很多素材，以便在作文中用作论据。学校可能会发美文欣赏之类的阅读书籍，可摘抄、记忆一些精美语句，提升作文的美感。

但是再好的作文也要建立在正确审题的基础上，你可以用往年的真题练习自己的审题能力。在必要时，你可以总结自己的写作模板，把第一段和最后一段，以及每一段的第一句话的万能模板提前准备好，在高考前的几次考试中坚持使用。

4. 英语

我高中之前没有系统地学过英语，高一、高二时 100 分的试卷总是考 60 分左右，英语成绩是在高三提高的。英语的学习其实比较简单，只要付出足够的时间，成绩就会提高。

首先，准备一个迷你的手抄本，用于抄写自己不会的单词、词组、语法和句子。一直放在自己的口袋里，在去食堂的路上、在排队买饭时、在卫生间里、在早上预备跑操时、在入睡前，只要有时间就拿出来背。如果你的英语词汇量不足，提分就是空想。在这个小本上，也可以记一些数学公式和励志名言。总之，要利用一切手段保持自己对英语的热情。

其次，基础不好的同学可以反复研究自己做过的试卷，不会的单词和词组要背会，不懂的语法要及时问老师并总结。

最后，不要买太难的模拟题，多刷几遍真题即可。对于基础不是很好的学生来说，刷真题对提高成绩很有帮助。

在你不想学习时，可以看语法书，这对写作很有帮助。我的英语在高考时考得不是很好——120 分，但是基础薄弱的同学可以参考我的学习模式，毕竟亲测有效。

5. 政治、历史、地理

首先说政治。好好背四本教材，整理知识框架，在框架上把考过的题都罗列出来，保证重点一目了然。要像背诵英语单词一样，每天背政治。要常通读课本，否则，即使你背很多遍，某个角落的某个很重要的小知识点也会被忽略。

在答题技巧方面，要注意以下几点。

（1）要学会利用材料，仔细审题。很多时候答案来自材料。

（2）在作答前写上“答：”，作答时要条理清晰、标明序号，不可大面积涂改。

（3）答案基本是原理 + 材料分析，能否得分要看原理是否正确，所以动笔前请仔细思考。

（4）看分值分析答案的条数。可以添加两条，多答不扣分。

（5）背高质量的参考答案。可以把它们抄写在课本上或者剪下来贴在课本上，这样每次看书、背书时可以做参考。

其次说历史。历史的答题套路很少，了解每个朝代的政治、经济、文化方面的体制和社会状况即可。历史要用“历时”方法去记忆，时间节点记牢，朝代特点记清，就没有问题。如果你的基础比较差，我建议你先厘清历史脉络，将各种历史事件串线。你也可以经常在纸上写历史发展的顺序，同时在脑海里像“过电影”般回忆对应的事件及其意义。

第一次串线时，了解最具有代表性的人物和成就即可。以后再串线时可以慢慢增加自己还不熟悉的内容。不用担心自己不知道考点，多次考试出现的高频知识点就是考点，要将考点认真整理在笔记本上。整理完后，要多看，不熟悉的知识点一定要立刻打开书复习，千万不要偷懒。长此以往，你就能全面地丰富自己的知识体系。

最后说地理。地理的学习稍难，需要较强的立体思维。如果地图是立体的，学习起来就会简单许多。地理背的内容不是太多，主要是理解。地理可以通过以下方法进行学习。

（1）买一张特别详细的，包含气候、地貌和国家等基本地理要素的地图，以便自己随时查阅。

（2）必须熟记各个国家的地理位置，最低要求是清楚各个国家的经纬度。如果不知道这些内容，你就很难分析一个国家的地理环境。

（3）记住一些比较重要的海峡、淡水湖、咸水湖，了解瀑布、山川、高原以及沟壑周围的地理特点。这些内容容易多次考查，所以注意归纳总结。

（4）整理错题时遇到总结得比较好的参考答案就背下来。地理大题的答题方法和政治类似，知识点全面、思路顺畅、角度正确即可。

我高考时文综的成绩是240分，我还是比较满意的，毕竟我的基础比较差。自古以来，得选择题者得天下，做好选择题是首要任务。对于大题，要规范书写，把能想到的答案依次写上，保持卷面整洁。要想提高政治、历史、地理选择题的正确率，基础知识就要掌握牢固，而课本上有现成答案的题目千万不能失分。除了老师课上留的背诵时间，我们可以在每天早上用20分钟温习前一天学习的内容，也可以利用中午午休和晚自习的时间默背。

你们或许会有“自己一直在背，但还是感觉什么都没有记住”的困惑，我之前也是这样。面对这种情况，一定不要放弃，只要坚持背就有效果。而且很多题都是需要理解的，不是记得越牢得分就越高，把握答题的技巧也很重要。当背诵得疲惫了，就抄写或者默写，效果也很好。

在高考前一个月左右，大家的内心就开始浮躁，会严重怀疑自己的能力，打开每一本书都感觉既陌生又熟悉，仿佛自己什么都没有学会。这时，请大家一定不要慌，你学过的东西都在你的脑子里，只是从意识沉入了潜意识。但这些知识一定会在考试时被激活，在不知不觉中发挥出来。心情浮躁时，就不要强求自己回忆和思考，努力地背和做题就好。

此外，关于“成绩较差的学生是否应该看重成绩”这个问题，我的回答是“成绩较差的同学要十分重视成绩”。你从不在乎自己的成绩到能认真分析自己的成绩变化，正是你逐渐学会认识自己、评价自己和检验自己阶段学习方法有效性的过程。排名越靠后的学生进步的空间越大，每一次的成绩和排名也更有参考意义。

我们可以买一个小的笔记本，将自己每一次考试的日期，各科考试的成绩、排名都记录下来。如果退步了，就反思自己近期学习的方法和努力的程度，制订下一阶段的计划；如果进步了，就奖励自己一些小零食或者文具。

每一次考试之后，都要认真反思，给自己写一封信，发泄自己的负面情绪或者夸奖自己。无论有多少痛苦、悲观、失望或是开心、得意，都要迅速整理好心情，再一次投入学习，期待下一次进步。进步是一个缓慢的过程，不只取决于某一次的考试。重视平常的考试分数不是“唯分数论”，而是要从分数变化中明确进步情况以及努力方向。

最后，我想讲一下关于合理分配学习时间的问题。如果时间很紧张，你应该把每天的计划做好，每科都要兼顾。如果时间很充足，只要条件允许，那就复习你最想复习的那一科。但是这样容易导致偏科，所以，我还是建议你均衡地、合理地分配各科的时间，争取高考分数的最大值。

我高三时，吃饭、走路、上厕所都在看书，中午从来不午休。每天5:30起床，22:30休息，偶尔还要在被窝里学习。周末休息时间也用于学习，一个月只回家一天。如此高负荷的学习使我头昏脑涨，甚至感冒、发烧。但是不管我的效率怎样，我从来没有松懈，实现了从班级倒数到最后一次模拟考时班级第1名的转变，我觉得流过的汗与泪都值得。越努力的人越幸运，像我这样不够聪明且没有基础的学生，最终考上了郑州大学。

第十一章

如何在考试中超常发挥

中国人民大学谷雨：练字很有必要

高考是一幅精美绝伦的画，从幼儿园开始，我们就在这张画纸上创作了。我们通过十几年的学习，积累知识，不断练习；经历挫折，积累经验；丰富自己，完成创作。在高考这幅画上，每一笔的勾画、渲染，都会对最后的结果产生深远的影响。

我是谷雨，高考考入中国人民大学。

成功没有捷径，高考也没有捷径，但是一些小技巧能使你的高考之路更加平顺。希望我的经验能给高三学子带来帮助。

一、卷面

高考是不可能跟阅卷老师面对面交流的，当他们要了解我们的水平时，卷面就是第一印象。就像一个人去面试，衣着整洁、举止大方就能获得好的第一印象。

如果每天用两个小时做语文作业，我会挤出半个小时练字。我没有专门练过字，我的字仅是清秀。虽然单独将一个字写在纸上不是很起眼，但整体看就比较令人舒服。因此每次考试后，我的试卷经常被展示在学校的展览窗口供大家观赏。

原因很简单，借我们语文老师的一句评价："她的字就像印刷体，阅卷时一眼望去非常舒服。"我的字迹很端正，尤其在语文试卷的作文纸上，效果尤其好。老师说我的字迹工整、卷面整洁，只要作文不偏题，分数只会高不会低。可能正是这个原因，我的语文作文分数普遍较高，满分 60 分，平均分达 50 多分。作文占语文成绩的比重很大，而且作文分数通常都是几十分或者几十五分。如果字迹工整、娟秀，就能多 5 ～ 10 分，总分也能随之增加。通过字迹提分非常容易，大家一定要注意书写。

二、静心

我做过几年的家教，很多学生都告诉我，他们在平常的学习，甚至是考试中无法集中注意力。例如，考试时，手在草稿纸上演算，脑海里却反复响起最近流行的新歌。这种一心二用的情况，对于正在考试或者上课的学生来说，是非常不利的。心理学研究表明，学生学习效果的差异，并不全因天资不同，而是由于他们在学习时的注意力集中情况有所差别。可见，注意力高度集中是高效率学习的必要条件。

练字是我用来锻炼专注力的小诀窍。每当练字时，我会把桌面上所有与练字无关的东西收起来，在半个小时内一心练字。练字不需要思维参与，长时间处于专注的状态中，心情就会非常平和，注意力更容易集中。

而在学习中，文理科都需运用逻辑思维，如推导一个定理，构思一篇作文的写作框架，等等。高强度运用逻辑思维，也是导致学生注意力不集中的一个原因。如果在枯燥的学习中穿插着练字，能让大脑暂时放松，就能使我们在接下来的学习中更加专注。

“工欲善其事，必先利其器。”练字时要用考试时使用的硬笔和作文纸，内容可挑选语文课本上必背的古诗词、短文等。当没有充足的时间和精力去练习书法时，练字就是最简易的书法练习。抄写课本上的诗词，对于我们记忆这些诗词也大有裨益。

背诵时我们关注的是文章里每一个字的读音，而在考试时，我们更多的是关注字形，即这个字怎么书写。尤其古文中有多音字、通假字，我们经常读对而写不对，因此，练字时我们以这些古文为练习对象，能够很好地解决这个问题。

练字需要每天坚持，这也是锻炼耐心与恒心的一种方式。当练习了一段时间，翻阅对比前后的字迹时，你能看到自己的字迹逐渐变得工整，其中的成就感不言而喻。练字比较费纸、笔，通常两天就能用完一支笔芯，所以打算练字的学子们，记得准备好足够的纸笔。

北京交通大学李若彤：15 天英语字体速成

我是来自北京交通大学的 2019 级学生，高中就读于河南郑州，是理科生。

你的英语字体好看吗？英语与汉语不同，英语字体是可以 15 天速成的，下面我来详细介绍一下方法。

第一步：描字帖（5 天，一天 1 ～ 2 张）。衡水体分纤秀版和圆润版，选择哪种字体都可以，具体可根据个人爱好或者老师要求进行选择。确定字体后，选择相应的字帖，一笔一画认真书写。

第二步：在四线三格上仿着字帖写（5 天，一天 1 ～ 2 张）。仿着字帖写很重要，在写的过程中，如果某个字母明显写得不好，可以有针对性地多加练习。

第三步：在横线上写（5 天，一天 1 ～ 2 张）。经过了描字帖、仿写两个阶段，你的字体已经逐渐形成自己的风格。在横线上写，可检验你是否真正掌握了字体的相关书写技巧，也能更直观地看出你的字体变化，便于确定改进方向。

练字时的要求：首先，一定要认真、心平气和、一笔一画地书写。其次，在练字的15天内，在平时写英语作业或做课堂练习时都要以练字的标准严格要求自己。最后，欲速则不达。练字不能急于求成，要循序渐进、按部就班、从长计议。你可以在练字前适当地放松或进行一些娱乐活动，以调动自己的积极性。

在练字过程中也会出现一些问题，常见问题如下。

（1）练了 15 天的字，效果却不明显。导致这一情况的原因可能是你没认真练习，或者训练量太小。当时我们英语老师监督我们严格按上述步骤练字，每天都要上交练字的纸，而且会告诉我们哪个字母写得不好，需要加强练习。

（2）写得慢字迹工整，写得快字迹潦草。这个问题是由于不熟练导致的。如果你在平时写英语作业时也像练字那样，长期坚持下来慢慢就熟练了，也就能写得工整了。

（3）长时间不练习导致书写退步。这是必然的，不勤加练习就会日渐生疏。当时一个寒假过后，我们班学生的英语书写普遍下降，因此，英语老师要求我们每天课前 3 分钟练字，两周后大家的书写就恢复到之前的水平了。这也告诉我们一个道理：“业精于勤荒于嬉。”无论练字还是学习，一定要孜孜不倦、持之以恒。

（4）练习同一本字帖的同学，字体却不一样。虽然字帖相同，但是每个人都有自己独特的书写习惯及落笔方式，所以，你没必要担心练完字后千篇一律，老师审美疲劳。

坚持练字可以使大家收获好字体、养成好习惯，这不仅有益于我们的学习，甚至会使我们受益终生。练字也凸显了我们的自制力、恒心、毅力，如果连练字这件小事都坚持不下去，何谈面对高考呢？希望同学们能从练字这件小事做起，为高考、为辉煌的未来努力奋斗。

郑州大学石思佳：站在出题人的角度思考

我是石思佳，高考考入郑州大学市场营销专业。高中时，我的英语成绩从刚开始的 90 多分提升到高考时的 134 分。在大学，我的英语四级拿到将近 600 分的高分，英语六级超线 100 分。

一、重视词汇积累

几乎每个英语老师都会说“词汇量是基础”。我也想说这句话，因为词汇量真的很重要。有的同学高一刚开始甚至初三结束就准备好一本厚厚的单词书，结果到了高三还停留在以“A”开头的那几页，而第一个单词“abandon”则成了我们“丢弃、抛弃、放弃”的暗示。那么，我们应该怎样提高词汇量？

1. 借助工具：单词书

单词书不在于多而在于精。单词书要薄，避免我们“知难而退”，最好有高考例句详解，防止我们只记得单词意思，而不会实际运用。大家可以多去校内书店，找一本最易于理解的单词书。我当时就买了一本薄薄的单词书，一点一点地背，慢慢地建立了自信，才发现我是可以把一本单词书背完的。切记不要急功近利，要在理解的基础上背。

2. 掌握背单词的方法

将单词分类记忆。除了要记单词的意思外，高频词汇要会拼写；名词、动词要记相关短语；形容词和副词要了解感情色彩；而对于地名、人名，大概了解即可。因为除写作、听力之外，其他部分的考查题型基本属于阅读理解类，而分清单词的词性能帮助我们理解内容，提高做题的准确率。

例如，“depend”“healthy”“environment”这类高频单词，不仅在阅读、听力中会经常出现，在写作中也不可缺少。因此需要重点掌握，要会拼写。那么，怎么区分高频、中频和低频词汇？观察。在平时做题过程中要有意识地观察文章中的词汇，在阅读的文章中，出现次数多的单词就是高频词汇。

二、揣摩出题人的心思

回到题目中来，要站在出题人的角度思考。出题人的意图是让考分与知识点呈现合理的分布，而如何分布是由出题人决定的。因此我们应试着和出题人进行心灵交流，通过题目了解他的出题思路及想要考查我们什么能力、哪些知识点。但是实际上，我们在做英语题时有时会违背出题人的初衷，当出题人想考查我们对文章细节的把握时，我们却进行主观推断；当出题人想考查我们对文章主旨大意的把握时，我们却紧抠细节，导致错失全局。那么，如何站在出题人的角度呢？

1. 判断出题人的意图

出题人想考查我们什么能力？如“What can we infer from the second paragraph?”，看到“infer”就知道是考查我们推断能力，“second”限定了考查范围。那么，这个时候对第二段内容进行推断即可。

2. 站在出题人的角度

如一篇阅读理解有五道小题，这五道小题一定在原文中有线索。即使是推断题，也会给你暗示，所以不要自己创造答案，要尊重原文。

首先，这五道小题的设置遵循文章的叙述顺序。我们在做题时，依次在文章中找到关键词，认真分析关键词所在句及前后句。其次，这五道小题的答案基本均匀分布在文章中，不会在一个段落中呈现。我们也要重点关注关联词前后的内容。最后，五道小题的难度不同。一般前三道小题比较简单，可以在原文中直接找到答案。第四、第五道小题会考查总结归纳能力，如猜测词义、给文章选标题、掌握文章的主旨等。

三、听力和写作也有速成方法

我要谈的速成，是在有基础的前提下灵活运用。

听力是很多同学的硬伤，一种常见的错误做法是，听的时候听不懂，做完后直接对答案。有的同学会在听前看一遍听力原文，但是这样的话，你们是做听力题还是阅读题呢？我的做法是，考前拿几道高考听力原题练习，听不懂也不看原文，一直听五遍，再对答案，然后再听一遍，如果还是不懂就对照原文听一遍，直到全做对。

写作的基础是平时积累的单词、短语和句型。例如想表述“我认为健康很重要”，你写的是“I think health is important.”，而答案是“From the point of my view，keeping healthy can play an important role in our lives.”。这时，你就要积累短语，下次可以将“think”替换为自己积累的“from the point of my view”，可以将“sth. is important ”替换为“sth. play(s) an important role in ...”。这样文章就更高级、更专业。

如何才能灵活运用？考前背优秀作文。我记得高考前一个月，我背了 20 篇不同类型的满分作文，还将它们默写下来。这样考试时就能想起很多短语、句型，并将它们应用在自己的作文中。

第十二章

艺术类高考和通过参加竞赛备战高考

中国传媒大学杨媛媛：艺考生如何学习文化课

我是杨媛媛，高考考入中国传媒大学。我是一名艺考生，很多人都说艺考生的文化课成绩可以相对低一点，但其实不是这样的，艺考有很多专业都需要文化分和艺考专业分相加。艺考也是千军万马过独木桥，一定要兼顾文化课和专业课。

一、艺考前的文化课准备

如果是高一或高二的学生，相对来说，时间比较充足。在上课时一定要专心听讲，课后认真完成老师布置的作业；有不懂的问题一定要及时请教老师，切忌问题越积越多；每一章节都要及时复习巩固、夯实基础；对于一些文科类的学科，如语文、英语等，一定要多写，以辅助记忆。

如果是高三冲刺阶段的学生，要有针对性地对薄弱科目进行补救，可以利用周末外出补课或者看资料书、观看教学视频。语文、数学、英语在前期很重要，艺考前一定要对语文、数学、英语进行系统的学习和系统的复习，数学公式一定要理解后再记，切忌死记硬背。

无论对于高一、高二，还是高三的学生，错题本都非常重要，我们可以将错题分类整理。如几何这一大类，可以根据不同的解题方法分为几个小类，每一种解题方法都列举一些题目，以便举一反三。利用错题本，有针对性地复习，同时多积累、多练习，会很有成效。

二、艺考中的文化课准备

很多学生都会在艺考期间用大量时间学习专业课，也有部分学生会去艺考机构集训。在集训期间，文化课一定不要落下。因为在学专业课时，很容易忘记文化课的知识，所以我会利用一些琐碎的时间巩固文化课。下面我给大家分享我的经验。

我当时也参加了集训，我在集训期间比别人早起半个小时学习英语，用“百词斩”App背单词，每天完成一定量的打卡任务。因为扩大词汇量是提高英语成绩的关键，积累大量词汇对阅读和作文也有很大的帮助。每天晚上回宿舍后，我会和室友一起用半个小时做12道数学选择题。我们相互督促，控制好时间，这样能让自己有效地适应考试时间，也能提高效率。

三、艺考后的文化课冲刺

艺考后，大家都落下了很多功课。我当时没有到外面的机构学习，而是选择回到自己原来的班级学习，因为我觉得学校有很好的学习氛围，老师也能帮助我。针对我当时的薄弱学科——数学和地理，我选择在周末找机构的老师进行一对一补习。通过这种学习方式，这两个薄弱科目突飞猛进。之后我就开始跟着学校的节奏进行二轮复习。

在学校进行二轮复习比较系统，速度也比较快。在此过程中，不会的问题一定要马上请教老师和同学，自己也要多做习题，这样就不至于落后于学校的复习节奏。我也通过一些公众号和App进行文化课的学习，下文中我会比较系统地去介绍。

艺考后调整心态也是非常重要的，我们一定要相信自己。我记得在艺考结束后的第一次模拟考中，我才考了360多分。那时我非常沮丧。

我问了一下我的学长，得知他们艺考结束后的文化课成绩，基本上也都是 300 多分或者 400 多分。因为我们一直处于艺考的紧张备考中，落下了文化课的学习，再加上不适应学校的文化课考试，难免考得不够理想。

对于基础好的同学，多做题是最好的方法。在考前冲刺阶段，多刷真题，认真地研究真题，了解真题的命题意图及规律。通过做题总结答题技巧、适应考试节奏、转变自己的心态。做题后，及时总结同类型题的答题方法，学会融会贯通。

对于基础差的同学，在艺考刚结束时，要把语文、数学、英语再系统地复习一遍，夯实基础。遇到不懂的题，要大胆地请教老师和同学，抓住一切能够提高成绩的机会。同时，要经常给自己积极的心理暗示，使自己始终信心满满。

高考前一个月，要有针对性地学习文综或理综。对于政治，我采用的方法是每个单元画一个思维导图，再做一些练习题巩固。对于历史，我采用刷题的方法，总结答题模板、规律。对于地理，巩固基础后就开始刷套题。

四、学习资料、公众号以及 App 推荐

市面上有很多学习资料，要尽量选择答案比较详细的。我觉得比较好用的是《真题卷》。《金考卷 45 套》也不错，里面包括真题卷、押题卷和模拟卷。我还用过《5 年高考 · 3 年模拟》，它的题目是筛选出来的，有参考价值，答案也非常详细。我当时使用的是 B 版。

虽然 B 版难度稍大，但对于基础薄弱的同学，我还是建议买 B 版，可以和一些基础资料结合起来使用。

我用到的资料还有《小题狂做》。在艺考中我会用《小题狂做》，每天刷一些小题，提高自己的效率。我还买过政治和数学的《王后雄押题卷》，押题卷的题很新，会根据当年的热点设置一些题目。这个押题卷有时会押中高考试卷中的一些题目。此外，我为艺考生推荐一本《步步高二轮复习》的专用资料书。这本书比较简单，适合艺考生使用，在巩固基础方面的效果非常不错。

除了纸质版的资料，同学们还可以在网上、公众号上找一些有价值的复习资料。下面我给大家推荐几个好用的公众号、App。

1. 公众号推荐

我关注了“海宁中学地理组”的公众号，里面会分享每一章节的地理知识，有图画的形式，也有文字的形式，非常有趣，也容易理解。这个公众号会根据时事热点创作一些与热点相关的题目，可以有效地帮助我们积累和巩固地理知识。

我还关注了“试题调研”的公众号，那上面会分享一些真题解答或者一些押题卷的题目，也会根据时事热点分享一些知识点。

2. 好用的文化课 App

首先推荐综合类的 App。

（1）“高考直通车”，这个 App 里面有很多高考资讯、时事热点、模拟题、高考真题。

（2）“小猿搜题”和“猿题库”这类 App，可以用来搜索不会做的题。

（3）“高考蜂背”以音频广播的形式向我们输出知识，各学科都有。

（4）“番茄 ToDo”和“Forest 专注森林”都是时间管理 App。我们可以向里面投入一些零花钱，这样在完成计划时就能有一定回报，还能起到让我们远离手机、专心学习的作用。

其次推荐语文 App。

（1）“纸条”里面有很多好词、好句，可以积累素材，用到自己的作文里。

（2）“古诗文网”App 主要是一些古诗、古文的翻译，方便我们理解课文，背诵课文。

最后推荐英语 App。

（1）“VOA”“每日英语听力”“China Daily”都有助于提高英语听说能力。

（2）“扇贝阅读”App 可帮助提高英语阅读能力。

（3）“百词斩”是背单词的 App。

五、如何在考前调整自己的心态，克服紧张的情绪

（1）自我暗示。暗示自己是最棒的，自己一定可以。

（2）要准备充分。充足的准备是一切事情成功的重要前提。只有准备充分，才会有底气、有信心，才能从容面对考试。

（3）听音乐。我喜欢在考前或做作业时听舒缓的音乐。我会在“网易云音乐”App 上面搜索 vlog BGM 或者 vlog 背景音乐，这些音乐一般比较轻快。我常用的音乐 App 还有“白噪音”，这个 App 里面有雷声、雨声、海浪声等，在考前听可以舒缓紧张的情绪。

（4）观看励志电影。我喜欢的励志电影有《名扬四海》《垫底辣妹》《发胶明星梦》，这些电影很适合考前观看，能够振奋精神。

（5）观看一些短视频。如学长分享的励志视频，一些旅游短视频等，这些视频可以让我们畅想高考后的自由生活，舒缓我们的紧张情绪。

（6）考前只看一些简单的公式。切忌看一些比较难的习题，或者钻研新的题目。在考前建立信心很重要，心态能影响考试时的发挥。

（7）敷面膜。我很喜欢在考前敷面膜，因为高考时正是炎热的夏天。把一片面膜放进冰箱，稍等片刻后拿出来敷在脸上，冰凉的感觉能使我瞬间冷静下来。

北京科技大学张晨娇：艺考文化课复习攻略及填报志愿攻略

张晨娇，高考考入北京科技大学视觉传达设计专业。

在高考中，艺考生是个特殊的群体。很多艺考生在高三的前半学期中止了文化课的学习，全力以赴准备专业课。而普通高考生则在这段时间进行大量的基础复习，占尽先机。艺考生应该怎样摆脱不利形势，考到自己的目标分数？又该如何填报志愿，进入理想的学校？接下来，我给各位艺考生分享我的艺考文化课复习攻略和填报志愿攻略。

艺考生在文化课复习阶段，肯定会有一些问题。第一个问题：时间紧、任务重。对于普通高考生来说，他们的高考复习至少会进行三轮，而对于艺考生来说，等到专业课考试完毕后，只有不到一百天的高考复习时间。第二个问题：知识断层严重。正是由于高三上学期主攻专业课，因此忽略了文化课的学习，出现了严重的知识断层。除学习上的问题外，等待专业课成绩的焦灼、文化课落后的担心等会使艺考生的心理更容易崩溃。

针对这些问题，我将为大家提供一些相关的解决方法。

一、回归课本，找准备考方向

无论哪门学科，考试内容都来自教材，希望基础不好的同学以课本为主，练习课后的习题，吃透课本。只要打牢基础，考试时除了一些较难的题目，其他题目基本上都可以做对。一般来说，除非基础特别差，否则，两个月左右的时间足够将基础打牢。基础夯实后，再充分利用作业、练习题、试卷进行刷题。

二、合理利用作业、试卷

简单题、中等题一方面可以检验自己的基础知识掌握程度，另一方面可以提升我们的复习信心。概念理解题、应用题一定要自己动手做，还要总结。难题可以参考答案，但要认真思考其中的步骤，培养推导思维和转化思维。只要认真对待每一次作业和试卷，将作业和试卷的价值最大化，那么成绩一定会提高。

三、循序渐进，切忌急躁

在复习时，由于是以自己为主导，有时复习的内容和教学进度不同，考试时没有复习到的部分丢分严重，导致成绩不高。但是只要已经复习过的内容能保证做对，就是进步。不要用一时的分数高低作为衡量标准，复习要循序渐进，不要急躁。复习就像修一条坑坑洼洼的路，每个坎儿都是障碍，只能认真地从起点开始，按照顺序慢慢推平。

除学习方面的攻略外，我还为大家整理了一些填报志愿方面的攻略。

除高考外，高考填报志愿对于你的人生也非常重要，甚至能够决定你人生的方向。我当时没有太多经验，也可能是运气不好，填报的那所学校出现了“扎堆”的情况，以至于录取分数线猛涨，第一年没能进入理想的学校。我在第二年填报志愿时，就非常谨慎。

艺术生填报志愿有两种选择。以我自己为例，我填报志愿分两种情况：一、如果我有校考证，就可以填报自己当初所报考的学校，但是要根据我的校考成绩排名以及报考学校的录取条件进行更细化、更有利的选择；二、如果我校考没拿到合格证，只能以统考成绩被录取，这时美术的艺考成绩以及文化课高考的成绩就都很重要。

采用统考方式录取的院校分几种情况：一是直接按照统考成绩的高低择优录取；二是将文化课成绩与统考课成绩按一定比例综合后，从高分到低分录取，现在大部分院校采取这种录取形式。

大家一定要选择适合自己的方式填报志愿。在填报志愿的过程中，一定要将招生政策和志愿填报规则理解透彻，千万不要在填报志愿上吃亏。

此外，要提前预估自己在本省的排名，并掌握目标院校录取的排名。你可以给目标院校打电话咨询，并且需要参考目标院校多年来在当地的最低录取分数和专业录取分数。你可以提前搜集一些渠道，如咨询一些有经验的报考老师，让其给你提供更有针对性、更专业的建议。

艺考不易，希望大家在决定参加艺考前认清自己，多方位评估自己是否适合参加艺考。

（1）考虑自己是否是“行动派”。艺术类专业更注重学生的实践能力，如果感觉自己的动手能力不强，不能适应大学中各类实践任务，那么请不要给自己“增加烦恼”。

（2）要发挥自己的优势和潜力。高考是一个选拔性的考试，你可以就自己选择的艺术专业方向仔细斟酌，可以请老师、同学对你进行考评。最后综合多方面因素，选择自己最擅长的艺术专业方向，这样以后在大学学习中才会得心应手。但如果真的不是自己喜爱的专业方向，或者学习起来很困难，还请慎重选择。

（3）培养对专业的兴趣。艺术类的学科专业性很强，兴趣爱好是学习的动力之一。

（4）考虑文化课成绩能否达到相应的艺术类本科线要求。即便现在艺术类本科线较普通高考本科线低很多，但是对于平常不能自觉学习的同学来说，想要够到艺术类本科线也很困难。况且，想要进入更好的大学，文化课的成绩会起决定作用，所以大家要重视文化课成绩。

正如大学扩招一样，艺考给了很多文化课不好却在艺术上有些天分的同学一个让他们可以通过艺考上大学的机会。当然，艺考生中也有很大一部分是出于对艺术的兴趣和热爱而决定走艺考这条路的。中国高中生普遍存在上了大学才发现自己喜欢什么专业的情况，但这种情况在艺考生身上不会出现。从这个角度来说，其实艺考生对人生的规划比普通学生更清晰、更长远。

虽然很多人误以为艺考门槛低，是一条进入大学的捷径，但是世上很多事情必须亲身试过之后才能做出判断。艺考不易，不能盲目跟风。

之前央视拍摄了一部纪录片——《我是艺考生》，它真实地反映了艺考的情况，它打破了“艺考是捷径”“艺考生都是学习不好的孩子”等一些外界的谣言。纪录片以一群艺考生为主人公，讲述他们在艺考中遇到的困难，展示了他们绝不放弃的坚定信念。

对我来说，艺考让我学会了独立、坚持，学会了思考。在准备艺考的过程中，我认识了一群有梦想的同学。他们中有的人天赋异禀，但依然努力学习；有的人天分不高，但锲而不舍；有的人复读了两年、三年，甚至更久；甚至还有人从大学退学回来重新参加艺考。他们选择艺考这条路的动力是梦想，他们从未后悔过，同样，我也从未后悔过。

江南大学李子豪：声乐考生如何备考

我是李子豪，高考考入江南大学声乐专业。作为一名经历过2017年高考的艺考生，首先，我想问你一个问题，对于你“艺考生”的身份，你周围的人有怎样的看法？认为这是成绩不好而逃避学习的借口，还是为了远低于文化生的录取分数线所走的捷径？这些片面的、甚至略带攻击性的看法和言论，可能会给你带来困扰。作为一名过来人，我希望通过我的经历，能使你不再纠结于那些想法和言论，坚持自己的梦想，砥砺前行。

我身边有很多艺考成绩和文化课成绩都很优秀的同学。我想告诉大家的是，艺考不是捷径，相反，我们要付出更多努力。

接下来，我给大家分享一些关于声乐考以及大学生活的经验。

一、训练方法要得当

在学艺术的过程中，你的努力程度跟你想要的回报不一定成正比。天赋对于学艺术至关重要。学习唱歌时，毫无节制地苦练弊大于利，有可能造成声带小结。所谓训练方法得当，就是紧跟老师的步伐，多思考老师给你的建议和他教给你的方法。这些建议和方法可能会很抽象，但你更要仔细体会。自己单独练习时，要尽量使用自己能够轻松驾驭的音区，切忌用嗓过度。

二、不要以唱难度大的歌曲为荣

处于哪个阶段就要做哪个阶段该做的事情。参加艺考的同学基本上都是十七八岁的青少年，无论是演唱方法，还是身体机能，都尚未成熟。艺考时考官根据你的声音条件、音准，你对考试曲目的诠释给你打分，而不是根据歌曲难度打分。所以，不要为了凸显自己与众不同而选择不适合自己的高难度歌曲，尽量选择你能熟练驾驭的歌曲。

三、校考的选择

艺考分为联考和校考，联考就是你所在的省份的艺术生统一考试，校考就是不以联考成绩招生的高校所组织的单招考试。联考是你们填报志愿的最低保证，因为如果联考达到一定的成绩，是一定可以上一些学校的。而校考是对学生音乐能力有更高要求的学校设立的，如音乐学院、艺术院校等。

有音乐专业的大学大致可分为音乐学院、艺术院校、综合类大学、师范学校，选择什么样的学校要仔细考虑，如果你有明确的目标院校那是最好的。音乐学院是学习音乐的人梦寐以求的学府，师资力量和设备资源都是拔尖的，但是它们的门槛也非常高；艺术院校也很好，专业能力很强，好的艺术院校仅次于音乐学院；对于综合类大学，需要提前了解这所大学是否是“双一流”大学，以及是否重视音乐专业，因为这与你能否享受好的教育资源，能否受到重点培养相关；师范学校以培养师资力量为主，音乐专业安排的课程也大多是为了培养音乐教师。

在选择校考学校时，可以把我所说的几种学校的特点作为参考，我个人建议参加的校考多多益善。

四、填报志愿时一定要做足功课

高考结束后要填报志愿。填报志愿前一定要做足功课，要慎之又慎。一般在填报志愿前，你心里会有几个目标院校。

首先，要确定各目标院校有无高考分数的要求，是超过本科线即可，还是根据成绩择优录取。其次，注意自己联考和校考的排名，大部分学校根据排名录取，要根据自己的排名估算被录取的可能性。可以咨询自己的老师或者集训时参加的培训机构的老师。他们的经验很丰富，一定可以帮到你。最后，要综合考虑你喜欢哪个城市、将来想从事什么职业、家里的经济状况等因素。做足了以上功课，相信你一定能进行科学的志愿填报，一定能被心仪的院校录取。

五、大学生活并不轻松

不要去听信“坚持下去，上了大学就轻松了”类似的观点，大学的确有更多空闲时间留给你支配，但这不代表你可以放纵自己。艺术的学习任重道远。切记，上大学是为了更加深入地学习自己的专业。

六、多“讨好”自己的老师

不是真的让你拍老师马屁，而是让你有问题多请教老师。以“小三门”为例，“小三门”非常重要，而我们在艺考期间，学习的只是最基础的知识，相比于大学，难度非常小。我在刚进入大学时，视唱练耳的难度令我难以接受，乐理学的是和声分析、曲式分析，我一开始很难跟上进度。

如果大家遇到我这种情况，一定要放平心态，有不懂的就请教老师。不要觉得不好意思，因为大学和高中不一样，大学老师一般不会像高中老师那样督促你，全靠自觉。一定不要让问题越积越多，有问题就及时解决。

以上的看法和见解不一定全面，但我希望可以对你有所帮助。

南昌大学杨旋：艺考和高考经验分享

我是杨旋，2018 年参加湖北省高考，使用的是全国卷 I 卷，文化课成绩 522 分，考入南昌大学广播电视编导专业。

下面我跟大家分享“艺考 + 高考”的经验。艺考的前期准备包括以下三个方面。

第一，个人热爱这个专业。艺考分为两大类别：美术类和戏剧与影视文学类。戏剧与影视文学类细分为很多个专业，如广播电视编导、表演、空乘等。你一定要确定自己的兴趣爱好，找到自己的主攻方向。

第二，家里的有力支持。学习艺术，包括参加联考前所进行的艺考培训，还有校考的报名费、住宿费、交通费等，都是不小的开支。所以，在你决定学习艺术专业之前，一定要和家里沟通、商量，以获得家人的支持。

第三，学习的方式。很多同学在准备艺考期间，文化课的学习就搁置了。而我当时所在的高中和艺考培训机构有合作，我的专业课老师和文化课老师之间沟通很紧密，他们会根据我的学习情况进行课业和作业的相应调整和安排，这使得我的专业课和文化课齐头并进，从而艺考结束备战高考时轻松了许多。

如果你的艺考机构和学校没有合作，那么，你的文化课学习就需要自己统筹规划，尽量在准备艺考期间，也不要丢下文化课，否则，后期需要花费更多时间、更多精力备战高考。

接下来我想跟大家分享我的艺考经验。先从联考说起。艺考生一般都要参加艺考培训，我是在高一和高二的暑假分别进行了为期20天的集训。我学习的是广播电视编导，集训期间，老师会根据湖北省广播电视编导的考试题目类型进行具体的学习安排。湖北省广播电视编导的考试分笔试和面试，笔试考文艺常识和影评，面试考自我介绍、读文评述以及编导创意。

文艺常识考的是中外文学史和综合知识。影评有时是默评，有时会当场给出一个影片，让你即兴写影评。影评和文艺常识需要大量的积累，我利用课余时间巩固艺考老师讲过的重点电影和重点知识点，并将它们牢牢记在心里。

面试时，能在考官面前自信、大方地展示自己、介绍自己，让考官对你印象深刻，就已经成功了一大半。读文评述，即新闻评述，考官会当场给出一则新闻，让你对此进行即兴评述，从而考验你的临场反应能力、思考能力和你平时对新闻的积累。编导创意就是讲故事。一般会有一个规定的题目，如“美好的一天”，但也可能是续写故事，如“小杨今天去银行取钱，但是发现钱都不见了……”

一般情况下，我们在集训时有续写故事或者编写故事的培训。在你的脑海里，一定要有很多不同类型、不同发展方向的故事供你选择。在你看到题目的一瞬间，如果脑海里有一个完整的故事框架，那么你就可以选择这个题目。这样，在考场上才不会捉襟见肘，也能让考官听完你的故事后了解你想表达的核心内容。

暑假集训基本围绕上面几个方面展开。到 12 月艺考时，会进行一个考前的集中培训，大概 10 天左右，这时你就要从学校的文化课中抽离，紧锣密鼓地展开艺考的学习，相当于“临时抱佛脚”。

我艺考时有一个笔记本，用于记录基础知识，如绕口令、音标、新闻等。笔记本里面还有自我介绍的训练、普通话练习、编写故事、听写文艺常识、新闻评述、影评训练等。总之，每一个板块都要不停地训练。在别人看来艺术生很轻松，只有我们自己知道其中的辛苦。

联考是你走向心仪大学的一块敲门砖，如果联考没过，校考也不会有很大希望。我的经验是，在备考期间，一定要争分夺秒、毫不懈怠，如走路时就对着空气自言自语，这样可以锻炼你的即兴表达能力，使你在考场上不怯场、不紧张。付出就会有回报，只要你平时的基本功牢固、扎实，用自信、乐观的心态迎接考试，通过联考真的不难。

说完了联考，下面我来说一下关于校考的经验。我一共参加了 6 个学校的校考，分别是南昌大学、四川音乐学院、浙江传媒学院、西南大学、重庆邮电大学和海南大学。

在我所参加的 6 场校考中，我取得合格证的是南昌大学、海南大学和重庆邮电大学。西南大学和我所取得合格证的三所学校是纯笔试，也就是说，它们没有面试，仅凭一张考卷就决定了你是否能获得合格证。虽然这听起来很简单，但是实际操作起来很难，要靠自己艰苦的努力和强大的实力才能实现。而四川音乐学院和浙江传媒学院有笔试和面试。浙江传媒学院分得更细，分为一轮笔试、二轮面试和三轮面试，一层一层地进行筛选。

与联考相比，校考的题目涉及面更广，题目形式也更加新颖，如续写剧本、解释名词、广告设计、分镜头脚本的设计等。所以，校考也是一场硬仗，在准备校考时一定要拓宽自己的知识面和思维。在笔试中，考官给试卷打高分的标准是“新”。你的思维的创新程度、你的题材的新颖度，都是“新”的所在。你的考卷如果能给考官见字如见人的感觉，让他从中看出你的思维能力，看出你对待这场考试的认真程度，那么，你就能从众多考生中脱颖而出。

在平时，我们一定不要故步自封，不要禁锢想象力，也不要局限于自身的知识面，更不要人云亦云。其实，考官在考卷上想看到的就是“新”，就是“不同”。甚至考官在考场上就是想看到一个“异类”，他不需要你和其他人一样，他想要的就是与众不同、敢于创新的你。所以平时我们一定要尽情发散自己的想象力、创造力，想别人不敢想、做别人不敢做、学别人不想学，慢慢积累，只有这样才能在考试中胜出。

现在有越来越多的学校承认联考成绩，也就是说，如果你的文化课分数高，那么它们也是可以录取你的。这种情况一般出现在一些综合类的学校，因为艺术院校一般都会组织校考，而综合类的学校可能没有那么多的精力组织一场校考，就会在联考分数和高考分数之间设定一个相应的比例，可能是3∶7，也可能是4∶6，最后折算成一个综合分，以从高到低的顺序录取考生。

如果你对自己的文化课足够自信，刚好你心仪的学校承认联考成绩，那么我建议你可以不参加校考。在别人都在准备校考时，你就一心一意地攻克你的文化课，把你的文化课基础巩固得再扎实、再牢固一些，这样你的胜算也会更大。在什么情况下一定要参加校考呢？一种情况是你的文化课分数不太高，但你想上北京电影学院、中央戏剧学院、四川音乐学院、浙江传媒学院等需要校考的院校。

另一种情况是你的文化课和专业课都处于中等水平，这样就可能导致你有一个中等的综合分，最后可能考不上好学校。这时，我建议你一定要参加校考，一是给自己更多选择，二是“试水”，以了解自己的能力，填报志愿时也能有更多选择。

最后，万事俱备，只等高考。高考对绝大多数学生来说都是一个坎，但是只要我们努力，就能跨过那道坎。作为别人眼里的“艺术生”，我们要怎么准备高考呢？

例如，当你对一道题百思不得其解时，你可能会向其他同学请教，他却说：“反正你是艺术生，文化课成绩过线就好了，你为什么还要这么努力呢？”我记得自己在回归文化课学习之后遇到过很多类似的情况，当时心里很不是滋味。但是我们一定要明白，正因为我们是艺术生，我们比普通考生多了一个能够降低分数上大学的机会，我们更要继续努力把握这个机会，而不是觉得自己好像有了上大学的保障，不用再努力。

我们要知道这个机会是靠我们自身的努力争取来的，而我们的努力不是别人随便一句话就可以否定的。如果我们就这样坠入别人设的“语言陷阱”里，那么我们可能会怀疑努力的必要性，甚至会得过且过。

在冲刺高考期间，文科主要靠记忆，而理科主要是做题。把握基础是赢得高考这场硬仗的关键，你可能错过了其他同学复习难题的时间，那么，你就从基础知识开始复习，保证基础分一分都不丢。

在备考期间，我建议你研究各大高校往年的录取分数和条件，然后初步判断你的分数大概排多少名、你大概能上哪些学校。你想“冲”的学校是哪一个，你想“保”的学校是哪一个，这个时候就要有一个大概的规划。对各高校有了一定的了解及规划后，你可以结合自身的情况设立一个目标，将这个目标贴在墙上、桌面上，以便随时都能看见它，让它时刻警示你。

我当初就是把各科的分数目标和“我一定会考上南昌大学”写在一张纸上，贴在墙上。我每天放学回家都能看到这张纸，它给了我很大的鼓舞，它也成了我高考百日倒计时的动力和源泉。最终，那个炙热的夏天没有辜负我，如我所愿，我走进了南昌大学的校门。我可以，你也一定可以。

郑州大学宋泽澜：艺考学习经验分享

我是宋泽澜，高考考入郑州大学视觉传达设计专业，即平面设计专业。我下面要分析的内容与其说是我的高考经验，倒不如说是我的艺考经验。

作为一名艺术生，我深知其中艰辛，如果你们有意愿走上艺术的道路，或者想通过捷径考大学，一定要慎重。如果你的文化课成绩平平，想利用艺考作为跳板，考上一所“双一流”大学或者重点一本大学，那么你就要认真思考三件事：第一，你对自己想学的艺术类专业究竟有多大的兴趣；第二，艺术生要吃的苦可能比你想象的还要多，你是否真的可以忍受；第三，我们不仅要学艺术专业课，还要学文化课，你是否可以合理安排时间。

当你想清楚这三个问题，依然想去追逐自己的梦想，那就放心大胆地努力吧，我相信你可以的；如果你畏缩了，那就认真地学习文化课。世上无难事，只怕有心人。无论是否走艺考这条道路，对于高考我们永远不要放弃，相信自己会是考场上的一匹黑马。

我不是一个多么优秀的人，所以我想用我的反面教材给你们分享我探索出的学习经验，以及我面对高考的态度。

一、纯粹的心理和态度问题

我是一个有基础、但是自制力不强的学生。我想向你们强调的第一点是自律。你们已经是高中生，高中意味着又一次的成长，无论你们是想安稳地学习文化课，还是想出去集训学艺术，都要克服外界的一切干扰。

我是一个心理素质极差的人。我小时候非常腼腆、胆小，在亲人面前都不敢大声说话，更遑论在一些公共场合。这不是一件好事，它会成为进步的拦路虎。因此，我们要多锻炼自己的心理素质，如参加各种演讲比赛，在公共场合唱歌，走玻璃栈道、蹦极等。

此外，一定要自信、乐观。作为一个不自信、有时还很自卑的人，这样的性格导致别人看不到我的优秀，看不到我的魅力，而那些闪闪发光的奖项、熠熠生辉的头衔都是别人的。我相信大家都不甘心被埋没，都想成为父母口中别人家的孩子。我们除了丰富自己的知识，还要保持自信。自信会使我们的优秀升华，使我们散发光芒。

如果你也是一个不自信的人，请尽力提升自信心，如努力给自己一个自信的微笑，尝试每天早晨对着镜子给自己加油，多看些心灵鸡汤或励志文章，等等。除了自信，我们还要乐观。生活是美好的，我们要勇敢地面对挫折，对生活永远充满好奇、充满热情、充满希望。即便事情很糟糕，我们也要坚信一切都会好起来。

二、艺考学习经验

作为一名艺术生，首先我想谈一谈艺考的经验。我从小就喜欢画画，但是没有进行专业的学习，画画只是闲暇时的消遣。我刚到画室时，老师从握笔姿势开始教我。因此，如果你想学美术但是没有基础，你们不必担心，跟着老师的教学进程努力学习即可。

上课时，我们一定要认真听老师讲理论，打好理论知识的基础；认真看老师做范画，学会模仿。刚开始练习时，千万不要偷懒。以我的经验来看，练得越多，基础就越好，学得就越快，成绩就越好。美术艺考考素描、速写和色彩，如果大家有机会可以三科同时学习，这样会加快进度，也有助于综合提升。

开始学习美术后，其间尽量不要停止或中断练习，选择在学校学文化课的同学可以参考画室作业严格要求自己，在外集训的同学跟着老师的进度训练的同时，也可以给自己增加一些基础的练习，如速写的结构练习、色彩单体练习、素描配饰练习等。

学好美术是一个很长的过程，我们可能会遇到很多困难和瓶颈，但我们要抵制诱惑、保持自律、明确目标、坚定信念、劳逸结合。集训一般从 7 月份开始，到单招结束，大家一定要有毅力，再艰难也要熬过来。

10月份开始统考集训，在此期间，我们的休息时间减少、作业量增大、熬夜时间变长。但是我们要保持良好的精神状态，利用课间或者吃饭、休息的时间把当天的作业和任务尽早完成。

统考一般在12月中旬左右，画室老师会把考试情况讲得很清楚。我想强调的是，考前一定要看考场，一定要找手感。冬天考试很容易没手感，我们可以在考前一天的晚上多画几张速写“热身”。不同的考场准备的工具不同，看考场是为了避免考试时出现突发状况。如统考考场一般不让带画架，不习惯的同学要提前做好准备，以防万一。

统考结束之后，我们还是要在画室老师的指导下多练习，尽可能多地参加校考。大部分学校校考会考默写，还有一些美术学院会考设计。画室老师会给每个人提供一个合适的校考方向，并辅导、监督我们进行针对性的训练。

三、文化课学习经验

集训结束之后，我在辅导班报了数学和英语的一对一课程。对于成绩中等的艺考生来说，返校学习是最好的选择，学校氛围好，与老师、同学相互了解，在学校能更快地提升学习成绩。在学校复习的同时可以附加课外班，一对一辅导的形式比较好。

语文是很容易提升的学科。古诗、古文利用早读、晚读记忆力最好的时段多背诵。作文在语文中占很大比重，要多积累佳句，并多读、多背，以给自己的作文增添亮点。

数学是我的一大弱科，我做了许多真题、套题。小题的分值较大，因此我在做题时将重点放在选择题、填空题上。我还准备了一个错题本，整理作业和卷子上的错题，有时间就翻看。

英语方面，我通过背单词、记语法、多做题，提升了语感，从而提高了成绩。

文综主要靠理解和背诵。政治是文综的一大难关，内容复杂，我们有不会的问题要多向老师和同学请教。历史最重要的是厘清思路，按时间顺序构建知识框架，同时，要重视重大事件的意义和影响。地理有固定套路，我们要熟背重要的套路句子，学会各类题的运用。

高三复习时最重要的就是刷题，见过的题型越多，答题经验就越丰富。而刷题要有目的、有针对性，漫无目的地刷题是没有效果的。

没有笨学生，只有学习态度不端正的学生。只要你愿意学习、愿意努力，就一定可以进步，一定可以成功。学习是一个日积月累的过程，或许很漫长，但是收获会很大。以上的所有经验和看法都是我个人的体会和理解，仅供参考，希望大家找到适合自己的学习方法。

清华大学卢旭洋：竞赛绝不是一条捷径

众所周知，进入大学除了高考这一条常见途径，还可以通过竞赛取得一定的成绩而获得一些高校的降分政策。今天我来讲一讲竞赛和高考的不同之处以及一些需要注意的事项。

首先我要声明一点，竞赛绝不是一条捷径。许多同学羡慕某位同学通过保送或者是降至一本线录取的政策进入清华大学、北京大学等高校，保送生或竞赛生看似比经历痛苦高三的同学们轻松，但是实际上，保送生或竞赛生在高一、高二时会付出更多的努力，他们不比通过高考进入高校学习的同学轻松多少。

我是卢旭洋，2018 年考入清华大学新雅书院。我于 2015 年获得了第 31 届 CMO 中国数学奥林匹克竞赛银牌。我来自吉林省，高考采用全国卷Ⅱ卷，2017 年高考成绩 692 分，2018 年高考成绩 700 分。我是高二时开始参加高考，不是复读生。

我以数学竞赛为例给大家介绍一下一年的竞赛时间线。6 月份左右清华大学、北京大学的夏令营，9 月份全国高中数学联赛，10 月份中旬清华大学、北京大学的秋令营，12 月份中国数学奥林匹克冬令营（也称为国赛）。接下来，我依次说明这些竞赛。

（1）夏令营。夏令营是我学竞赛那几年才出现的，模式和秋令营差不多，是清华大学、北京大学为了竞争优势生源、在联赛之前签下一批学生而设立的。前几年政策比较好，最近几年的情况我不太了解。

（2）全国高中数学联赛。联赛是一年中最重要的比赛，联赛的成绩决定了你能进入省队，还是得一等奖、二等奖。如果你想获得各个高校的降分政策，那么一定要参加国赛。我那时的目标是进入省队、获得参加 12 月份国赛的机会。当然也存在例外，一般强省的省队前几名甚至弱省省队的前几名都可能会提前获得认定，不过这种情况越来越少见，比较依赖于当年清华大学、北京大学的政策，具有不可控性。

（3）秋令营。秋令营是联赛的补充，一般联赛一等奖就有资格参加。按照以往的规则，在清华大学和北京大学之间只能选择一个学校参加，由清华大学、北京大学联合命题，难度一般比联赛高一些。这是给那些实力很强但是因为失误没能进入省队的同学一次机会，降分政策从30分到一本线不等。

（4）冬令营/国赛。国赛成绩是一个竞赛选手最重要的成绩，是你和高校签约最有力的凭证。如果你实力超群进入集训队，那么保送清华大学、北京大学没有问题。金牌选手和银牌选手的前20名一般可以获得一本线政策，排名再往后的政策当然也就会随之递减。

以上标准针对清华大学、北京大学和高二、高三的同学，如果是其他高校或者是高一的同学，标准可能会降低。

介绍完时间线，下面我介绍一下我的竞赛经验。首先，竞赛获益很大，风险也很大。获益大在于你可能不用投入过多的精力在高考上，至少在高三时的压力会小得多。风险大在于如果通过两年的脱产学习，你在竞赛上没有取得比较理想的成绩，反而会落下课程进度，而想在高三把进度补上是十分困难的，可能会面临复读。对于这一点，一定要有心理准备。

其次，学竞赛一定要趁早。如果能在初中有一定涉猎会更好，如果没有，也一定要在高一的9月份之后尽快进入脱产学习的状态。这样做一方面是因为现有政策会更加偏向低年级学生，同样的成绩可能低年级学生得到的政策会更好；另一方面，尽早尝试竞赛这条路，如果脱产一年之后没有取得比较理想的成绩，还可以及时回到高考课程的学习。

我在初三时就涉猎了一些数学竞赛的内容，在高一参加联赛的那一年，我就进入了省队，并在国赛中获得了银牌，也获得了北京大学第二年进省队降一本线的政策优惠。于是我就继续学习了一年，但是在第二年的考试中没有进入省队，而且在秋令营中虽然进入了面试环节，但是没有获得相关政策。在这种情况下，我选择放弃数学竞赛而回到高考课程的学习上。我在高二时参加高考拿到了692分，并获得了清华大学“领军计划”降60分的政策。

我把自己当作反面案例，希望大家能理性看待竞赛，做出合理的选择。对我来说，幸运的是，我在高二时参加高考就取得了一个比较好的成绩。如果我没有这么幸运的话，我可能会无法进入清华大学。所以，我希望同学们在选择这条路时一定要慎之又慎，千万不能因为一时的疏忽而耽误了前程。

大家可能认为我一直在说竞赛的风险，是在疯狂“劝退”。但实际上不是。对于对某一学科有极强的兴趣、但对其他学科不是很擅长的同学，我建议你进入竞赛的领域学习。走竞赛这条路，你不仅要考虑学校，还要考虑专业。一般来说，某个竞赛的签约一般都是指定专业的，除非特别优秀才可能会签约到其他专业，否则一般都是进入对应的院系学习。提前了解这一点，也有助于你更好地确定高考途径。

第十三章

心理调适及考前指导

清华大学敖超宇：高考，究竟在考什么

我是敖超宇，在2019年贵州省高考中排第10名，总分692分，成功考入清华大学新雅书院。在高中时，我曾获得第35、第36届全国中学生物理竞赛贵州省一等奖，在美国“物理碗”竞赛西南赛区中排名前十，曾获得香港大学和香港科技大学的全额奖学金。进入清华大学后，我曾获得清华大学二等新生奖学金。

作为学生，我们高中三年一直在学习知识，高考考纲也写得很详细，应该清楚高考的内容。接下来要探讨的问题在高考的考纲之外：它究竟考我们什么？换言之，当我们不再把高考看作一场考试，而是看作一场延续三年的选拔游戏，我们该怎么去理解它的游戏规则？

先从一些人尽皆知的“真理”说起。高考的核心任务是“选拔人才”，从某种意义上说也是在“分配”，把合适的人分配到对应的大学、对应的未来、对应的人生轨道。暂且不论高考制度是否合理，只就其核心任务来说：它要考什么才能尽可能合理地完成选拔或分配任务？

高考就像滤网，考生的智力水平要过第一层滤网。但对于高考来说，智力水平是基础性的因素，并非决定性的因素。这一层面的“过滤”仅是为了确保我们的脑力足以完成日后所需的更加繁复的理解与创造性工作任务。但这不是高考考查内容的全部，因而我们不能将应对高考的重心放在提升智力上。实际上，绝大部分同学足以通过这第一层滤网。

第二层滤网筛选的是意识。我所谓的意识是：辨明在特定情况下该

做的事情的优先级，并在一番挣扎后按照这个优先级处理问题的能力。简而言之，考查我们是否愿意为了一件事情而做出相应的牺牲，这也是无论我们以后从事何种职业都必须有的意识。而能通过第二层滤网的人，就是能“看清形势”的人。

同学们的智力都是差不多的，也不缺乏为高考献身的精神。然而通过了第二层滤网，我们怎样才能更进一步呢？这便涉及高考的第三层滤网要筛选的素质——你是否有过人之处。因为不可能每个人都能享受到最好的教育资源，而作为执行分配功能的高考，要在具有“牺牲精神”的人里择优选取。优于同龄人的学生，一般具有独立意识、较强能力和成熟观念，在某些方面优于常人，从而得以在高考中脱颖而出。

认知是高考的第四层滤网筛选的素质。认知有许多方面，如如何运用时间资本、如何利用宝贵的信息资源等。我们对众多问题的看法是否能深入本质、对每一个决定的利弊是否有全面的了解、对自己的特质能否准确描绘、对所处的环境是否有清晰的判断，决定了我们的认知。

在大家的知识储备与智力水平不相上下时，这些学习之外的极易被忽略的方面是决定胜负的关键。高考没有想象得那么难，它不过是一场选拔游戏，有它独特的规则。而我们只有对这些规则了然于心，才能摸索出一套属于自己的方法。以我自己为例，我不是天赋极佳的人，但我对于高考有更多自己的想法，而这些想法潜移默化地化作我具体实践中的种种准则。

在此，我仅是粗浅地谈了我自己对于高考的认识。而我的初衷在于用我的理解发出不一样的声音——高考在某种程度上是可以另辟蹊径的。

这蹊径便是一种深刻的认知。这使我们就能站在高处看待并处理众多问题，如迷茫感、无力感、焦虑感、成绩瓶颈等。要想真正地以超越同龄人的眼光去看待这些问题，便要苦心孤诣、潜心钻研。

清华大学李一诺：应对高考，家长应该做什么

我是来自清华大学的李一诺。我的分享主要面向家长。

在孩子的学习过程中，家长也会遇到许多问题。如孩子考试前过于紧张，该采取什么措施帮助他们缓解焦虑？该怎么解决孩子成绩忽高忽低的问题？该怎么处理孩子与自己的关系越来越疏远的问题？

我将尽量给家长解答这些问题。提前说明一点：这些方法是我通过回忆自己的经历和采访同学得来的，不一定适用于所有孩子。

一、家长要起正确的作用

我将从三个典型案例入手，说明家长日常应该做什么。

第一个是我爸爸和我的故事。

我爸爸是一名语文老师，他在我考试前会结合自己的教学经验给予我一定的指导。如我语文某种题型做得不是很好，他就会用讨论问题的语气给出他的建议。但是因为他是初中老师，所以到了高中之后，他也没办法给予我更好的指导，但是他会在我发现问题后，敦促我请教老师。有时，他也会给我介绍一些考上名校的学长，让我和他们聊天，吸取经验。

我印象最深刻的是一位中国人民大学的学姐，她后来去了澳洲读书，现在在北京工作。她的情况和我非常相似，我们都是文科生，且对语文、英语比较擅长，而数学则不尽如人意。她告诉我的策略是补短板，同时

不能落下长板。这对我的帮助很大，所以我到现在都很感谢她，也很感谢我的爸爸。

第二个是我妈妈和我的故事。

我妈妈不怎么在乎我的成绩，她更注重对我精神品质方面的培养。她会在我考前焦虑时开导我，使我变压力为动力；在我考试后，她会带我出去蒸桑拿或吃大餐；或者在我松懈时鼓励我，让我不要轻易放弃。

同时，她还主要负责我的后勤保障工作。因为她是医护人员，了解一些营养学的知识，能够合理地安排我的饮食。最感谢我妈妈的一点就是，在高考前，每次在我担心考不好时，她都会强调，如果我付出的努力无愧于心，那么即便考不好，她也会为我感到骄傲。

第三个是我同学和她妈妈的故事。

我同学的妈妈对她的控制欲比较强，但是文化水平不高，很多时候都是瞎指挥。而且她妈妈喜欢道听途说，习惯用陈旧的思想观念约束她，还经常将我同学和别人家的孩子进行比较。

据我同学的描述，在家里吃饭时，饭桌上的话题几乎都与学习有关，导致家里笼罩着压抑的气氛，给她平添了很多额外的压力。我同学压力很大，但幸好她抗压能力强，取得了不错的高考成绩。不过她坦言，她妈妈的一系列行为对她没有帮助，反而起到了一定的反作用。

我们回看这三个案例，思考这个问题：考前家长的作用是什么？

第一，给孩子提供最基础的后勤保障。有的家长觉得，后勤保障就是有饭吃、有地方住。其实后勤保障很有讲究，最基本的是，保证孩子吃得饱、穿得暖。再高阶一点，注重饮食的营养结构，注重一日三餐的质量，如每顿都有蔬菜，每天都有水果，等等。更重要的是，家长要成为孩子健康作息的引导者。我以前的同桌每天都熬夜，后来我才了解到，她的爸爸、妈妈都有熬夜、吃夜宵的习惯。因此，良好的饮食、作息等习惯，需要家长以身作则、做好监督。

第二，给予孩子量力而行的指导。指导很有必要。一是精神层面的指导。例如，我妈妈给我“喂鸡汤”“打鸡血”，让我不要放弃、不要紧张。二是实际操作层面的指导。指导要有现实依据，要理性思考。同时要注意，指导不是命令，一定要用探讨的口吻，否则，孩子可能会产生抵触情绪。此外，家长也可以请考上名校的学生和自己的孩子交流经验，这样肯定比自己盲目指导更专业。但要注意，最好找和自己孩子有相同点的学生，如同一性别、文理科等。

第三，家长是孩子的强大后盾。在平时的生活中，要让孩子感知到你对他的爱与支持。很幸运的是，我的家庭让我有安全感，高考前我的爸爸、妈妈经常说：“考不好，还是我家闺女。”他们还经常刻意地对我好，使我在家里很放松。但是我的那位同学就没有那么幸运，她在家里还得面对来自家庭的压力，导致她后期有点自暴自弃。

二、家长考前该怎么做

每个孩子的情况不一样，面对的考试种类也各不相同，所以我尽量把这些不同的情况分类。

1. 按年级分类

（1）低年级。低年级考试的特征是比较简单，与课本相关的内容多。家长可以采取如下措施。

①考前，家长要督促孩子复习，让孩子知道考试的重要性。但也不能给孩子太多压力，家长要把握好度。

②督促孩子按时吃饭、睡觉。健康的身体是认真学习的基础。

③叮嘱一些注意事项。如考前督促孩子准备文具，叮嘱孩子注意考场规则。

（2）高年级。高年级科目多，考试难度较大，且孩子的精神压力较大。家长可以采取如下措施。

①精神鼓励。无条件给予孩子支持，帮助孩子舒缓紧张、焦虑的情绪。

②用合理的方式督促孩子吃饭、睡觉，使孩子精神饱满。

③提醒孩子多与老师交流，或者找参加过高考的学生分享经验，请孩子酌情听取。

④与孩子一起交流、讨论过往考试中遇到的问题，帮助孩子解决问题。

2. 按孩子的学习意愿强度分类

（1）不够自觉的孩子。提醒家长注意，一定要及时向孩子说明学习的重要性。

（2）中等自觉的孩子。这样的孩子知道学习，可是动力不足。家长需要提高孩子的目标意识，用目标驱动孩子自主学习。如让孩子确立某个大学为奋斗目标，观看这个大学的宣传片。

（3）足够自觉的孩子。我在高中时，因为在重点班，所以班里的同学都会自觉学习。但是有时努力和回报是不对等的，重点班的学生也有成绩理想和不理想之分。

成绩理想，顺其自然即可；成绩不理想，应及时找到问题所在。而对于自觉学习，但是成绩不理想的孩子，家长该怎么做？我建议：①切忌盲目指导，要引导孩子自己发现问题，如引导孩子思考自己是效率太低还是没有掌握考试方法。②和老师沟通，但要信任孩子。家长如果发现孩子状态不佳或偏科，可以主动和班主任或者任课老师联系，一方面了解问题，另一方面寻找解决方法。有时，班主任可能会指出一些学习之外的问题，如早恋，如果有这种情况，家长要先观察，再及时跟孩子沟通。沟通的前提是信任孩子，千万不能误解孩子。

3．按考试规模分类

（1）周测或者班级模拟。对于这种类型的考试，家长不用特别在意。考前提醒孩子早睡，考后帮助孩子分析成绩高低变化的原因。

（2）月考或者校内模拟。考前适当督促孩子复习，考后帮助孩子总结经验、教训，并确定下一阶段的学习计划。

（3）期中考试和期末考试。考前督促孩子尽早复习、保持规律的作息。考后的家长会一定要参加，了解孩子的成绩变化，帮助孩子找到存在的问题。

（4）中考、高考。①给予全方位的后勤服务；②量力而行的指导；③做孩子强大的后盾，给孩子安全感。

三、几条建议

（1）平时孩子的成绩高低变化是正常现象。考试的本质是检验知识掌握水平，反映问题，以防到了中考、高考等大考时再犯类似错误。平时成绩的高低变化是分析问题的大好时机，而非施加压力的借口。

（2）有问题时需要进行合理沟通。无效的沟通伤害感情、浪费时间，也不利于问题的解决。但合理的沟通不容易做到，会受时间、地点、沟通语气、双方情绪等因素的影响。如果已经发现沟通有问题，那么先暂停沟通，等双方情绪稳定、心情平静时再继续交流、讨论。

（3）孩子是独立的个体，切忌把自己的焦虑传递给孩子。一定要给孩子爱与温暖，做孩子坚实的后盾。

有时孩子会缺乏忧患意识，家长要提醒孩子思考自己的未来。但是，忌把自己的意愿强加给孩子，强求孩子在考试中达到更高的目标。当孩子做不到时，就长吁短叹，说出如“你真是遗传了你爸爸，那么笨”“我天天那么辛苦还不是为了你”“你这次要是没有考到 ×× 名次，就不要回家了”等会伤害孩子的话语。在这种打压式教育下，孩子的心理难以健康成长，又何谈努力学习？

北京交通大学张文欣：考前注意事项

我是张文欣，我在高中学的是理科，在2019年高考中使用全国卷I卷，总分 624 分。下面我为大家分享考前注意事项。

一、家长的注意事项

（1）考试前一天，家长要提前去考场踩点，熟悉交通路线并计算到达考场需要的时间。

（2）考试前一天晚上，家长要提醒孩子准备好身份证、准考证、文具等考试必需品。

（3）考试当天，要给孩子准备丰盛、清淡的早餐。要提前出发，避免因堵车导致迟到。

（4）预防孩子考前焦虑。很多平时成绩优秀的考生会因为压力太大而产生焦虑，以致考试不能发挥出正常水平。为了避免这种情况发生，家长要在考前一个月做好预防，主动帮孩子减压。

可以给孩子灌输“考试尽力就好，身体更重要”的理念，如孩子复习时间长了，要引导他出去散步、跑步、打球等。此外，还要督促孩子按时睡觉、按时吃饭。

二、学生的注意事项

1. 考前

（1）验备考物品是否带齐。历年总有考生在高考当天忘记带准考证、身份证等，其实完全可以在高考前一天验考场时进行一次演练。有的省份会给学生统一发放考试用品，这在一定程度上减少了考生自己准备考试用品的麻烦。

（2）验路线。如高考正逢大规模建桥修路，考生和家长应借着验考场的机会，找出从家到考场的最佳路线，尽量避开那些修路或平日车流量较大的路段。

（3）验时间。验考场时计算一下从家到考场的时间，在此基础上，再留出 20 分钟的空余时间，这样基本能够保证高考当天提前到达考场。高考当天如遇堵车等特殊情况，可向交警求助。

（4）验进场流程。由于高考的严肃性，一部分心态差的考生可能会紧张，从而容易出现流程上的差错。其实，高考前一天的验考场是考生熟悉高考入场流程的绝佳机会，考生应该利用这一机会，让自己熟悉、适应高考的各个流程。

（5）验是否携带了违规物品。往年验考场时，总有不少同学携带手机等违规物品进入考场。很多同学认为，反正只是验考场，不是真正的高考。其实，验考场是对高考各个环节的一次演练，建议考生将其当作真正的高考，一切按高考当天的要求来做。

特别提醒考生注意：只要将手机等具有发送、接收功能的设备带入考场就算违规，会被取消高考资格，各科、各阶段成绩无效。此外，不允许考生戴手表入场，考试时考场内会统一配备石英钟。

（6）验座位。验考场时，考生可以知道自己在考场的具体座位，建议考生顺便检查一下桌椅是否平稳，上午、下午考试时阳光是否会照射自己的座位，如有任何问题，可以请求监考老师帮忙解决。

（7）身体有恙需说明。每年高考，总有个别骨折、出水痘的特殊考生，对于此类考生，考点工作人员经请示招生部门准许后，可为其开通“绿色通道”，如允许骨折的考生提前进入考点，或为出水痘的考生启用备用考场，等等。

如有特殊情况，一定要在验考场时主动向监考人员说明。

（8）考前坚持做题。考前一天的下午必须做数学题，因为第二天下午要考数学；第一天考试完，晚上应该做点理科题目，因为第二天上午要考理科综合。

（9）积极应对失眠。

最佳的策略就是提前一个月开始调整作息，保证考试的两天有充足的睡眠。

但高考是一件大事，人在面临大事时容易兴奋、失眠。即使失眠了，也不要有心理负担，人的应激反应能力是很强的，对第二天上午的考试不会影响太大。而在上午考完后要赶紧补觉，否则，可能会影响下午考试的发挥。

2. 考中

（1）答题区域有限时慎重下笔。高考采用网上阅卷，通过对答题纸扫描、分割的办法，把各道题的答案分发给不同的阅卷人审阅。所以，把第一题的答案写到第二题的位置，再用箭头指回来的办法是没用的。而我们使用水笔作答，写错了只能划掉重写，但每道题的答题区域是有限的，所以我们在下笔前一定要想好答题的步骤及语言描述。

（2）慢做会，求全对，稳做中档题，一分不浪费，舍弃全不会。不会的题一定要暂时跳过，可能稍后就豁然开朗了。这是因为你的大脑已经纳入了该题的信息，虽然你在做别的题，但是它会自动进行分时工作，可能某一时刻在脑海中就突然有了那道题的思路。此外，每个学科的命题人数有限，思路也有限，有些关乎学科本质的内容往往在不同题目中都有体现，只是表达的形式与策略有所不同，所以在同一份试卷中发生“异题迁移”现象是极有可能的。

高考允许有不会的题，甚至允许一定程度的失误。较难的大题中往往包含比较简单的小题，即“给分点”，即使最终未将全部题目解出也没有关系，只要将“给分点”牢牢抓住即可。

3. 考后

平时要养成习惯，在标准答案未公布之前，不要对答案，也不要胡思乱想。

此外，即使自己某一场考试发挥得不好，也要调整心态，认真对待下一场考试。因为高考不是“单项决赛”，而是“六项全能赛”，不会一场定胜负。

重庆大学肖康黎：调整心态，进行体育锻炼

我在2016年以应届理科生的身份参加重庆高考，考入重庆大学光电工程学院光电信息科学与工程专业。当时正值高考改革，重庆取消自主命题，改用全国卷。我们是第一届使用全国卷的重庆考生，这就意味着我们的不确定因素变大。但我在和老师的共同努力下，逐渐恢复了对高考的信心。

临近高考时，教育部门确定了重庆考试卷为全国卷II卷。全国卷的特点是题目中规中矩，但是考点覆盖比较全面。重庆考生是第一次使用全国卷，因为试卷的难度不大，所以高考成绩出来后，有较多高分(600+)。我在高三提升很大、进步很快，虽然高考成绩没有达到自己的目标，但通过高考我进了“双一流”大学。

我在这里仅分享一些我觉得比较有用的经验，希望能对大家有所帮助。每个人的学习方法不同，但是每个人的想法和目标都需要努力才能实现。

一、高三生活经验

你在高三时必须有良好的状态，强迫自己静下心去做应该做的事。虽然有人会说劳逸结合，但是适当即可，要明白关键时期，就应该一鼓

作气。努力不是一件痛苦的事，它是一件坚持下去会让你收获进步、令你快乐的事。

有了良好的心态，再来谈谈劳逸结合。你需要选择健康的、合理的放松方式，这更有益于平衡你的生活、学习。高三时，我身边有晚上回寝室玩游戏的同学。玩游戏虽然令人放松，但是容易上瘾。所以不建议自制力不强的同学耗费太多时间在游戏上，如果实在想玩游戏，可以和室友规定游戏时长，到时间必须中止。

高三时会有很多同学出现焦虑，甚至抑郁的情况。要理性看待成绩，理性看待高考。高考很重要，但是“身体是革命的本钱”，没有健康的身心，怎能全力应对高考？

当我们面对负面情绪时，试着向自己信赖的人寻求帮助，勇敢表达出来，语言沟通在很大程度上有解压作用。

二、锻炼时间不可少

适当锻炼也很重要。每天坐着刷题、背书，会消耗很多精力。高三的锻炼时间不多，体育课和晚自习之后的时间可以用来做体育锻炼。

体育课很重要，需要认真对待、认真活动、认真锻炼。除了球类活动，我比较推荐跑步。我建议你们每天晚自习之后适当跑步，既能起到锻炼作用，也有利于晚上的睡眠，长期坚持下来对身心健康是很有利的。

最后，一定要对自己有信心。我身边很多成绩中等的同学凭借坚持和努力走到了年级前列。幸运会眷顾不断努力的人，希望我的经验能够对你有一定的帮助。